読みなおす日本史

道と駅

木下良

吉川弘文館

目　次

製図――さくら工芸社

序章　「道と駅」の歴史に学ぶ

現在の日本の道路はかなり整備されていると言ってよいだろう。もちろん、大都市では日常的な交通渋滞がみられるが、これは現在の日本が過密と過疎の両極端に二分され、首都圏や中心的大都市に人口や産業が過度に集中した結果生じたことである。ほぼ全国的に高速道路網がめぐらされ、所によっては国道よりも立派な農道や林道が通っており、特別の所を除けば人の住む所には、まず車が通じるようになっている。

このように道路がよくなったのは、一九六〇年代から始まった急速なモータリゼーション（自動車化）の結果で、それ以前の日本の道路は悪いことで定評があった。日本最初の高速道路として名神高速道路が計画された際に、調査のために政府がアメリカから招いたワトキンス調査団が一九五六年に出した報告書は、「日本の道路は信じ難いほど悪い。これ程完全にその道路網を無視してきた国は、他の工業国には見られないところである。」との、辛辣《しんらつ》な言葉を述べている。

実際に当時の道路は、国道でも舗装されていない所が多く、砂利を敷いただけの道は車の通行が増えると凸凹になり、天気がよいと土埃《つちぼこり》がもうもうと舞い上がるので、沿道の家は戸を締め切り、また雨が降ると車が泥水を跳ね上げるので、歩行者は傘を横にしてこれを避けねばならなかった。国道の大部分は江戸時代の街道をほぼそのまま引き継いだもので、江戸時代は徒歩交通が原則だったから、街道は道幅も二間（三・六メートル）ほどで、広重の東海道五十三次の絵にも見られるように曲がりくねって通るところが多かった。日本の道路は日本の歴史を通じて悪かったのだろうか。このことは、本書の主な命題である。

また、本書に与えられた題目は「道と駅」であるが、現在各地に「道の駅」というものが作られている。いささか紛らわしいので、まず「道の駅」について述べることにする。

現在では駅といえば、通常は鉄道の駅のことを示すが、道路交通が盛んになった現在、「道路にも駅があってもいいのではないか」ということから、建設省の第一一次道路整備五カ年計画の施策のひとつとして計画され、一九九三年に登録制度が定められたのが「道の駅」である。

「道の駅」には、①無料で利用でき、十分なスペースがある駐車場、②年少者・高齢者・障害者たちを含めて、さまざまな人が使いやすいように配慮した、十分な容量のトイレ、③それぞれの「道の駅」の特性に応じた豊富な情報を提供する案内コーナーなどを、基本的な施設として備えることになっているという。大体が高速道路のSA（サービスエリア）みたいなもので、実際に高速道路のSAを基本にして、一般道路にも同様なものを置いたことになる。

もともと駅は道に付属したものであった。古代の法制を示す律令には、駅の制度について詳細な規定があって、水駅《すいえき》と称する水路の駅もあった。本シリーズの企画者である森浩一同志社大学教授の著書に『図説日本の古代』（全六巻）があるが、その第六巻の主題は「文字と都と駅」で、奈良〜平安時代初期をあつかっている。すなわち、律令国家の中心地であった藤原京や平城京などで出土した、木簡などの文字資料によって都と地方との交流がわかり、水陸交通の拠点が駅であったことを述べている。

江戸時代も宿場のことを駅ともいったが、維新直後の明治政府は復古思想に基づいて古代律令期の用語を多く用いたので、江戸時代の交通制度を改めるにあたって、かつての宿場を特に駅と呼んだことがある。鉄道が発達して道路交通が衰えていた時代に、駅はもっぱら鉄道の駅を意味するようになって、道の駅は忘れ去られていたのである。

駅の本字は「驛」であるが、本来この字にはまず早馬の意味があった。鉄道や自動車が発達する以前は、馬が最も速い交通機関であったから、緊急通信には早馬を走らせたもので、古代には「馳駅《チヤク》」（早馬を走らせる）とか「駅使《ヤクシ》」（早馬に乗った使）という言い方がされている。その次に早馬の中継地を駅というようになった。その典型的なものが、古代の駅制で置かれた駅家《ヤクカ》《うまや》であった。すなわち、早馬の替馬を備えておいて乗り継ぎをする家（役所）であるが、これを単に駅とも言うようになったものである。そこでは休憩や宿泊もできるようになっていた。

現在の道路網の主軸になっているのは高速自動車道であるが、これを建設運営する道路公団で高速道路の計画・建設に携わっていた武部健一氏は、土木学会の論文で日本の幹線道路網の歴史的変遷を概観して、その制度面と技術的実態の両面から見た道路の歴史を四期に時代区分している。①古代の七道駅路時代、②江戸期の五街道時代、③明治期の国道時代、④昭和後期の高速道路時代である。

①から③の各時代は、中央集権的国家が成立することによって全国的な交通網の整備が必要になった時期であるが、④の時期は自動車が主要な交通機関になったために一時代を画することになったものである。本書も、ほぼこの時代区分に従いながら「道と駅」の変遷について述べることにするが、武部氏はこの論文のなかで最初の古代道路と最後の高速道路に似通った点が多いという、きわめて注目すべき指摘を行なっている。

なぜこのように、最古の古代道路と現代の高速道路との間に共通性があり、その中間の時代の道路がそうでないのかについては、本書で明らかにしていくつもりだが、そのことによって「温故知新《おんこちしん》」(故《ふる》きを温《たず》ねて新しきを知る)という教訓を実際に学ぶことになる。武部氏は中国での高速道路網の建設計画にも関与しているが、中国の関係者に対する助言として、秦《しん》の始皇帝が建設した馳道《ちどう》に始まる古代の道路網の研究が、高速道路網建設にとってきわめて有用であることを提言している。

本書の目的も、単に「道と駅」の歴史を述べるだけでなく、まさに現代から未来の交通を考えるよすがにしたいと思っている。

なお、私は古代交通を専門にしており、その他の時代の交通については深い関心を寄せてはいるものの、それらについての知識は十分でない。そのために、古代から近代にわたる「道と駅」の歴史を書くにあたっては、末尾にあげた参考文献を始めとする諸研究の成果を大きくとりいれさせて頂いたが、十分には消化しきれないままに終わったところもある。また、一般教養書としての本書の性格から文中では必ずしも参考文献を明記していないことをお断わりしておく。

第1章　奈良時代の交通制度と道路

古代道路についての誤解

自然の通路は、通りやすい所を人が通っているうちにおのずからできた踏分道《ふみわけみち》に始まる。そのなかには、人が通る前に動物が通って道を作ることがあり、これを獣道《けものみち》というが、弥生時代の三世紀ごろの日本のことを書いた『魏志』倭人伝は、魏の使が「始めて一海を渡」った対馬国《つしま》の「道路は禽鹿《きんろく》の径《みち》の如し」と記している。まさに「けもの道」を基にした踏分道だったのであろう。このころはすでに小国家が形成されていたが、道路は主としてこれら小国家の領域内を通じていたのであろう。

古墳時代になると、大和政権のもとに国家統一が進められるようになるが、大古墳築造のために石材を運ぶ修羅《しゅら》などを通す必要からも、ある程度の道路が整備されたと考えられる。大和盆地の西南部に位置して葛城《かつらぎ》山地の東麓にある御所《ごせ》市長柄《ながら》は、大王家と深い関係をもつ古代豪族葛城氏の本拠であった。ここから西に葛城山地を横切ると河内飛鳥に通じ、南に向かって低い風ノ森《かぜのもり》峠を越えると紀ノ川流域の五条に出る。風ノ森峠は幕末に天誅組も通った所であるが、その近くの鴨神《かもがみ》遺跡で古墳時代の五世紀後半ごろに造られた道路が発掘されている。幅は二・五〜三・三メートルほどであるが、地形に沿って緩やかなカーブを描き、しまった粘土や砂利を入れるなど工事を施して造った道である。紀ノ川流域は大和から海への出口の一つで、下流の和歌山市鳴滝《なるたき》遺跡で五世紀前半から中ごろのものと考えられる、七棟の大倉庫群が発掘されているが、これらは『日本書紀』に「紀水門《きのみなと》」と呼ばれる重要港湾に伴う施設であったとみられる。鴨神遺跡の道は、大和から紀水門に向かう主要道路だったのであろう。

やがて、七世紀中ごろに大化改新が起こり、中国の律令制を導入して、隋・唐に倣った中央集権国家が完成した。これを律令国家という。

律令国家は、全国に国・郡・里（郷）の地方行政区を置いて、中央の指令に基づいて行政を行ない、地方行政官の国司は貴族が任命されて都から任地に赴任したから、中央と地方との連絡を緊密にする必要があり、通信と交通の制度が整備された。これを駅伝《えきでん》制という。駅伝制といえば、駅伝競走を連想する読者も多いと思うが、駅伝競走は近世の継飛脚《つぎびきゃく》にヒントを得たもので、古代の駅伝制とは関係がない。古代駅伝制はすでに大化二年（六四六）正月に出された改新詔《かいしんのしょう》にも示されているように、駅馬《はゆまヤクメ》と伝馬《つたわりうまデンメ》という二種類の馬を用意して、前者は主として緊急連絡や公文書の逓送《ていそう》という通信業務に、後者は公務旅行者の乗用に用いることになっていた。

その制度の内容については後に述べることにするが、駅伝制の実施のためには道路の整備が必要であった。しかし、古代の道路の実態を書いた文献はないので、江戸時代の街道の状態から推測すれば、古代の道路は踏分道をいくぶん整備した程度のもので、道幅も駅馬が走るのには二メートルほどもあれば十分だったろうと考えられていた。このような考えは、文明は時代を追って発達するもので、道路も次第に発達したはずだという考え方が前提になっていたようである。

古代道路といえば、「すべての道はローマに通ず」といわれたローマ道がよく知られ、ライン川以南の全ヨーロッパ、西アジア・北アフリカの各地にその遺跡が残っている。最初に造られたアッピア街道は紀元前四世紀に開通しているが、その路線は計画的で、山を切り通し、谷には橋を架けて一直線に通っている。その標準的な構造は、中央に幅約三メートルの石敷の車道を置き、その両側に一〜一・五メートル幅の土の歩道があり、さらにその外側は草を生やした空地にして、草地の外側に排水溝が掘られていて、その全体幅は二〇メートルほどであった。各地のローマ道はさまざまであるが、車を通すために舗装していることと、直線的な路線をとることは共通している。

同じ古代道路であるのに、日本の道路はまったく違うと考えられていたのは、ヨーロッパ人は先に道路を造り、日本人は必要に応じて道路を通すという、道路についての考え方の相違、国民性として日本人の計画性のなさなどが理由として挙げられていた。果たして日本人には計画性がないのだろうか。

きわめて計画的だった古代国家

古代国家の首都として八世紀に完成した平城京は、東西南北方向に四〇丈（約一二〇メートル）間

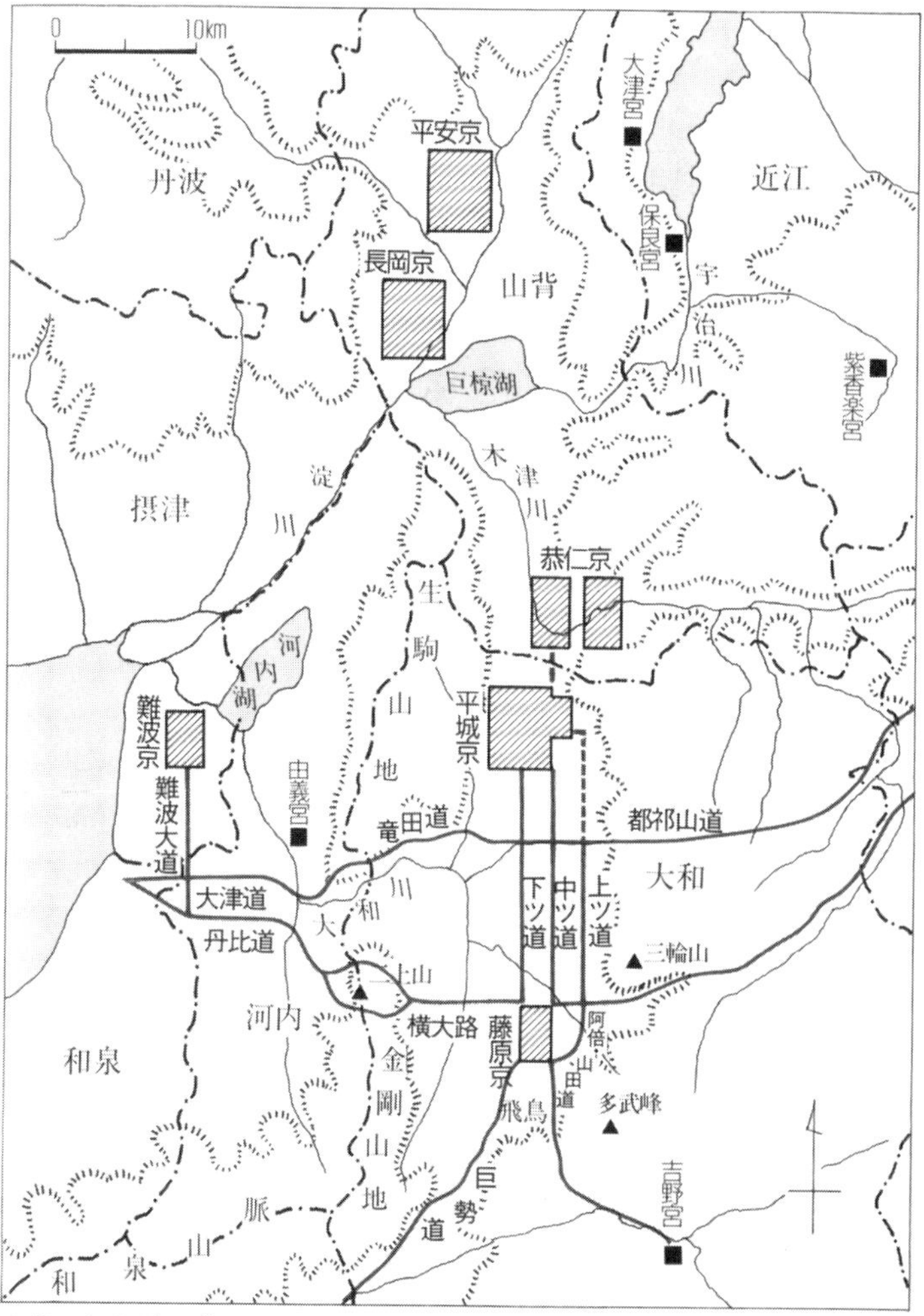

古代の都と計画道路（岸俊男「日本都城制総論」『日本の古代9　都城の生態』中央公論社　1987年の掲載図をもとに作成〈一部付記〉）

隔の碁盤目状に街路が通る計画都市であった。また、奈良盆地一帯には条里制という、耕地を一町（約一〇九メートル）間隔の碁盤目に区画する、古代耕地計画が実施されていた。このような土地では、当然のこととして道路は直線に通る。

奈良盆地には、平行して南北に通る上《かみ》ツ道《みち》・中《なか》ツ道《みち》・下《しも》ツ道《みち》の三本の直線道と、これに直交して東西に直線に通る横大路《よこおおじ》の存在が早くから知られていた。すでに太平洋戦争中の一九四二年に田村吉永《よしなが》氏は、下ツ道と横大路に沿う条里制の地割に余分の地帯があることに気づき、これを両道の道路敷と考えて、下ツ道は一五丈（約四五メートル）、横大路は一〇丈（約三〇メートル）の幅があったと推定している。奈良盆地の条里は下ツ道を境に二分され、また平城京の朱雀《すざく》大路も下ツ道の延長であるから、下ツ道は古代耕地計画と都市計画のそれぞれの基準線になっていたことになる。

さらに、一九七〇年には岸俊男氏（元京都大学教授、一九二〇～八七）が藤原京の西京極《きょうごく》が下ツ道、東京極は中ツ道、北京極が横大路になり、また平城京は下ツ道を中軸に中ツ道を東京極の基準にしたという解釈を示して、直線道が広く古代の都城計画の基準線としての役割を果たしていたことを指摘した。また大阪平野においても、難波《なにわ》京の朱雀大路の延長戦が作る大道（難波大道《なにわだいどう》）が存在し、これに直交する長尾《ながお》街道と竹内《たけのうち》街道は本来は直線道で、それぞれが古代の文献に出てくる大津道《おおつみち》と丹比道《たじひみち》にあたるとして、ここでも直線道が古代地域計画の基準線になっていたことを述べた。

このように、畿内の計画道路は早くから知られていたにもかかわらず、全国的な計画道路の存在が考慮されなかったのは、奈良時代に展開した律令国家の諸政策は、都とその周辺においては実施されたものの、全国的には不徹底で地方では十分に行なわれていなかったのだろうというのが、歴史家一般の考えだったからである。

全国的な計画道路網の存在

しかし、条里制の遺構は全国的に残っているので、直線道も各地方に存在する可能性が高い。一九七二年に歴史地理学の研究者が分担して全国の古代交通路の調査を実施した際に、東山道《とうさんどう》の上野《こうづけ》・下野《しもつけ》両国、西海道《さいかいどう》の肥前《ひぜん》・肥後《ひご》両国などで、直線道の痕跡が残っていることが明らかになった。

この調査で上野・下野両国の東山道調査を担当した金坂清則氏（京都大学教授）は、上野国では群馬県高崎市から前橋市元総社町《もとそうじゃ》にあった上野国府の前面までの約六キロメートルの直線道、下野国では栃木県の高根沢町《たかねざわ》・南那須町《みなみなす》と氏家町《うじいえ》・喜連川町《きつれがわ》との境界に沿って「将軍道《しょうぐんみち》」と呼ばれる約五キロメートルの直線道があることを認め、これらを古代駅路の名残と考えた。その後、両者ともに発掘調査された結果、前者は九世紀に始まる幅約六メートル、後者は八世紀に始まるが当時の道幅は確認できず、九世紀代に幅六メートルになっていた、それぞれ計画的に設置された古代道路であることが確認された。なお、上野国では八世紀代の駅路は別路をとることが後に判明した。

私が担当した肥前国では、佐賀県佐賀郡大和町《やまと》久池井《くちい》にあった肥前国府の南方から、東方に向かって国分尼寺・国分僧寺の前面を通る道路があり、その延長は佐賀平野を約一六キロメートル一直線に

群馬県新田町下新田遺跡で発掘された東山道駅路

両側溝の中心間で測って幅12mの道路が，ほぼ直線に通って約250mの区間が発掘された．遠景右側の金山と左方の八王子山塊との間を抜けて，上野国新田駅から下野国足利駅（栃木県足利市）に向かっていた．

通る痕跡として空中写真によって認められた。これは条里地割にも合致するが、現地調査したところ各所に切通しの跡が存在することが判明したので、これを西海道肥前路の駅路跡に想定した。

この道路痕跡は吉野ヶ里《よしのがり》遺跡を通過しており、その発掘調査によって平地部で最大幅一五メートル、切通し部で幅六メートルほどの奈良時代の道路であることが確認された。吉野ヶ里の台地上には掘立柱の建物群があり、これらは『肥《ひ》前国《ぜんのくに》風土記《ふどき》』に記載される神埼郡《かんざきのこおり》の「駅壱《ひと》所《ところ》」にあたる可能性がある。神埼郡の駅は平安時代の『延喜式《えんぎしき》』には見えないので、平安時代には駅路も移転したと思われ、この道路遺構から条里の二里分の一二町（約一・三キロメートル）南に平行して通ると考えられる。

その後、各地で直線道路の跡が認められるようになり、発掘によって確認された所も多い。その結果判明したことは、古代道路は平地では両側に側溝を備えており、道幅は両側溝の中心で測って、奈良時代の駅路は九メートル、一二メートル、一五メートルなどであるが、平安時代になると六メートルに狭められていることが多い。また駅路の通過地以外でも幅六メートル前後の奈良時代の道路が発掘されており、これらは後で述べる伝路（伝馬の道）にあたるものではないかと考えられる。このように、道路幅が三メートルの倍数になっているのは、丈（約三メートル）を単位にして道路が設定された結果であろう。ちなみに、奈良盆地の幹線道路である下ツ道は二三メートル（約八丈）、難波京の朱雀大路の延長になる難波大道は一八メートル（六丈）であったことが発掘の結果判明している。

先に述べたように、下ツ道は四五メートルの道路敷があったと考えられているが、横大路の道路敷も後の測定では同様に四五メートルであるとみられている。すると、発掘された下ツ道は側溝間で測って二三メートルであるから、両側溝の外側にそれぞれ約一〇メートル幅の余地があったことになる。古代道は並木として果樹を植えることになっていたので、そのためのスペースである可能性があるが、未だこの部分には発掘調査が及んでいない。

なお、東海道・山陽道・南海道などでは、同様に条里地割に対して一五〜二〇メートルの余地をとる所があり、駅路が条里地割施行の基準線となっていたことは明らかである。また、駅路が現在の市町村界になっている所があり、大字《おおあざ》界になるとさらに多くなる。大阪平野の直線古代道路が、摂津・河内の国界となっている部分があることは服部昌之氏（専修大学教授）が指摘しているが、現在の福岡県小郡《おごおり》市と佐賀県基山《きやま》町・鳥栖《とす》市との間の直線の県界は筑後と肥前の国界で、これも肥前国基肄《きい》駅から筑後国御井《みい》駅に向かう西海道駅路になる可能性が高い。すなわち、古代道路は国・郡・里（郷）の境界としても利用され、それが現在の行政界になって残っているのである。

さらに、各国の国府は駅路の分岐点に位置することが多く、足利健亮《けんりょう》氏（京都大学教授）は諸国国分寺は原則として駅路に沿うことを指摘している。地方においても奈良盆地と同様に、直線道路は広く古代の地域計画の基準線としての役割をも果たしていたのである。

世界の古代道路に見る共通性

以上のような日本の古代道路の形態はローマ道によく似ている。ローマ道のような堅固な舗装こそみられないが、砂利を入れた所もあり、道幅はむしろローマ道より広い。

ローマ道は、紀元前三一二年にローマからカンパニアのカプアまでの一九五キロメートルに造られたアッピア街道が最も古い。カンパニア地方はイタリアでも豊かな穀倉地帯であったので、アッピア街道は食料の輸送に活用された。ローマの支配地域の拡大に伴ってアッピア街道も延長され、紀元前二九一年には長靴状の国土の踵《かかと》の部分にあるブルンディシウム（ブリンディジ）に達した。紀元前二七二年にはローマはイタリア半島を統一し、ローマ道も全土に敷設されたが、さらに植民地は中・南ヨーロッパ、北アフリカ、西アジアに拡がり、一世紀の最大領域時代にはローマ道の総延長は二九万キロに達したという。

古代日本が模範とした中国では、ほぼローマと同じころの紀元前三世紀に中国全土を統一した秦《しん》王朝が全国的な道路網を完成している。秦が幹線道路として造った馳道《ちどう》は、記録によれば幅が五〇歩（約七〇メートル）という大道であったが、その遺跡が不明なこともあって五〇歩は五〇尺（一二メートル弱）の誤りだろうと考えられていた。中国では「白髪三千丈」などという誇張した言い方がよくあるので、文献に残る数値も誇張されたものと受け取られることが多い。中国も日本以上に、近代までの道路は貧弱であったから、古代に壮大な道路網があったとは考えられていなかったのである。

馳道の確実な遺構は今も不明であるが、秦代に軍用道路として造られた直道の遺構は、陝西《せんせい》省と甘粛《かんしゅく》省の境界になっている子午嶺《しごれい》の稜線伝いに見つかっており、史書『史記』に「山を塹《ほ》り、谷を堙《ふさ》ぎ」と形容される状況が明瞭で、その道幅は山地を通る部分でも三〇～五〇メートルはあるという。さらにその北方の毛烏素《むうす》砂漠では幅一〇〇メートル以上の道路痕跡が見つかっているので、馳道の五〇歩も間違いのない数値と考えてよいだろう。

古代日本が直接の模範とした隋・唐では、大運河を掘ったことで知られる隋の煬帝《ようだい》が道路の整備にも力をいれ、御道《ぎょどう》という幅一〇〇歩（約一五〇メートル）の大道を造っているから、推古《すいこ》朝に派遣された遣隋使の一行はこれらの大道を通り、また道路建設の状況を目のあたりにしたことであろう。『日本書紀』によれば、推古天皇二一年（六一三）に難波から都のあった飛鳥まで「大道」を造っており、これは横大路にあたる可能性が高いが、その道路建設には隋の道路を模範にしたことは間違いない。

このようにみてくると、洋の東西を問わず、また時代は異なっても、中央集権的国家体制をとる古代国家の道路には多くの共通性がみられる。このことは、これら旧大陸東西の古代国家とはまったく別個に発達して、一五世紀に全盛期を迎えた新大陸のインカ帝国の道路にも見ることができる。インカ道の遺跡は各地に残っているが、道幅は七～八メートルが一般で、路側《ろそく》を日乾煉瓦《ひぼしれんが》や石積みで区切り、場所によっては、その外側に一〇メートル前後の幅の余地を付属させて耕地にしていたという。

インカでも駅伝制が施行されて、要所に宿泊所・食料貯蔵所などが設けられていた。しかし、インカには馬がいなかったので、緊急連絡にも人が走ったことが他とは異なるところで、道路も急傾斜地には石段が造られていた。

興味深いのは、インカ帝国を征服したスペイン人たちはインカの道路網に驚嘆して、こんな立派な道路は未だかって見たことがないと言っていることである。実はスペインにも古代ローマ道が通っていたが、すでにこの頃にはまったくの廃道になっていたからで、ヨーロッパでも、どの時代も道路が整備されていたわけではない。

古代の駅

最初に述べたように、駅は本来早馬を意味していた。『日本書紀』には、大化改新以前にもしばしば駅・駅使の語が出てくる。史実とはみられない時期のことは別として、まず崇峻《すしゅん》天皇五年（五九二）に天皇は蘇我馬子《そがのうまこ》に殺されたが、この時筑紫《つくし》（九州）に派遣されていた将軍らに「駅使《ヤクシ》《はゆまつかい》」が出され、内乱のために対外的な問題がおろそかにならないよう注意している。推古天皇一一年（六〇三）には、新羅を攻めるために筑紫に赴いていた将軍来目皇子《くめのみこ》が亡くなったので、筑紫から「駅使」を出して報告しており、皇極《こうぎょく》天皇二年（六四三）四月に百済から、また六月には高麗《こま》の使者が来たので、それぞれ筑紫大宰《つくしのみこともちのつかさ》が「駅《はゆま》を馳《は》せて」報告している。また斉明《さいめい》天皇三年（六五七）に筑紫に漂着した覩貨邏《とから》（吐火羅・堕羅とも書き、吐噶喇列島とする説、タイにあったドヴァラヴァティ王国と解する説などがある）国人を「駅《はゆま》」によって都に召しだしている。また、同四年には有馬皇子《ありまのみこ》の乱についても「駅使」が出されている。

これらは、制度としての駅制があったのではなく、単に早馬を出したということのようであるが、大化二年（六四六）正月に孝徳天皇が出した改新詔には、「駅馬《はゆま》・伝馬《つたわりうま》を置き」「駅馬・伝馬給ふことは、皆鈴《すず》・伝符《つたえのしるし》の剋《きざみ》の数に依れ。」と指示しており、ここで駅伝制が始められたということになる。

この駅馬は「はゆま」と読ませており、まさに早馬の制度であるが、その具体的な内容は大宝元年（七〇一）に制定された大宝律令《たいほうりつりょう》や、養老二年（七一八）に制定されたとされる養老律令などに見ることができる。古代の都はしばしば変わったが、大和・河内・和泉・摂津・山城（山背）の五カ国からなる当時の首都圏ともいうべき畿内とその周辺から離れることはなかった。これらの都から、東北日本に向かう駅路には東海・東山・北陸の三道が通じ、また西南日本には山陰・山陽・南海の三道があ

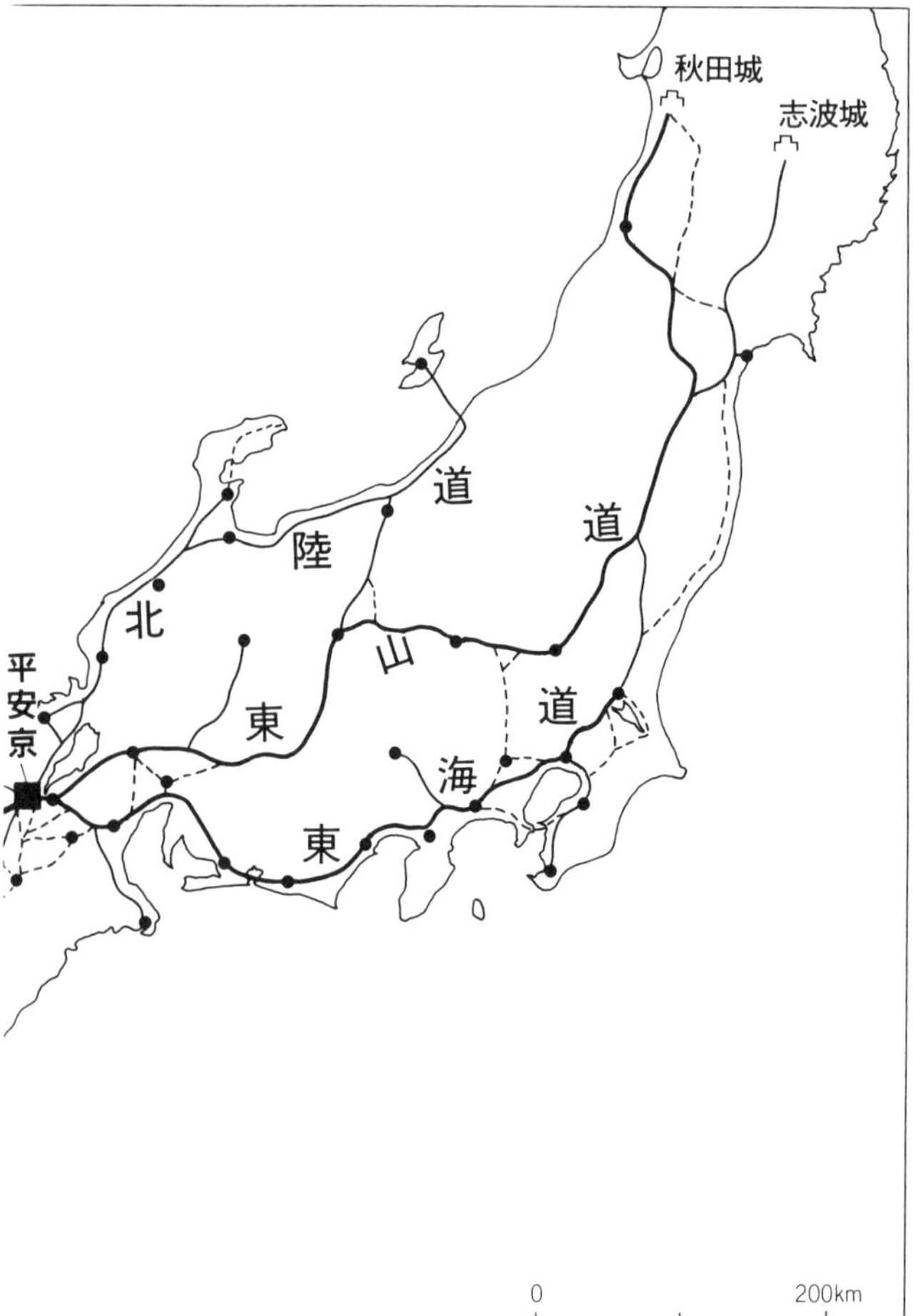
秋田城
志波城
北陸道
東山道
東海道
平安京
0
200km

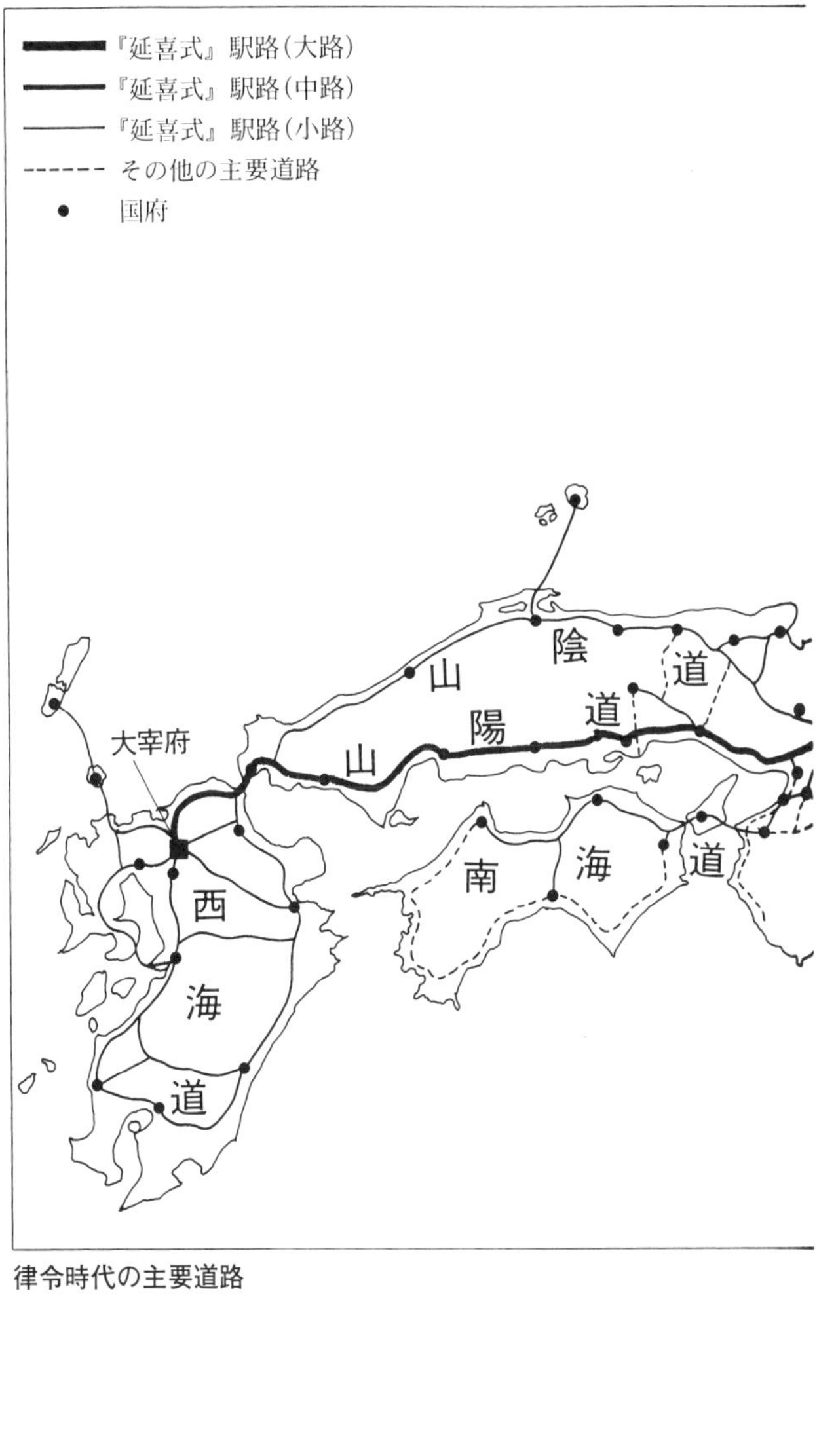
『延喜式』駅路(大路)
『延喜式』駅路(中路)
『延喜式』駅路(小路)
その他の主要道路
国府
山陰道
山陽道
大宰府
西海道
南海道

律令時代の主要道路

り、九州では大宰府《だざいふ》を中心に西海道の駅路が放射状に拡がり、また九州を一周していた。以上の七道は、これらの駅路に沿う地方名でもあった。

駅路に沿って三〇里（約一六キロ）を基準に駅家《うまや》《ヤクカ》を設けて駅馬《はゆま》《ヤクメ》を中継し、駅使の宿泊や休憩に備えた。駅家は早馬を置く施設の意味で、単にこれを駅ということもあった。駅路には大路・中路・小路の三等級があり、都と大宰府を結ぶ山陽道と西海道の一部が大路で、原則として各駅に駅馬二〇疋を置いた。東海道と東山道は中路として各駅に駅馬一〇疋を、その他の諸道は小路として各駅に駅馬五疋を、それぞれ原則として置くことになっていた。

駅家を構成する駅戸《ヤクコ》は、駅馬を飼育し、駅田を耕作し、駅家の業務にあたる駅子《ヤクシ》を出した。駅戸の中から適当な人材を選んで駅長に任命し、駅の仕事を主宰させた。駅家は単なる早馬の中継地ではなく、里（郷）と同様に行政体でもあったが、自然の集落をまとめた一般の里（郷）とは異なり、計画的に造られた駅路に沿う駅家もまた計画的に造られた集落であったと考えられる。

駅家には、駅使が宿泊する駅館《うまやたち》《ヤクカン》を中心に、食事を用意する厨《くりや》、駅長の執務所、駅子の控所、厩《うまや》などがあったと考えられる。また、菅原道真《みちざね》の詩文などによれば、駅家には楼閣風の建物があり、ここには太鼓を置いていたらしい。駅使の一行が見えると、太鼓を叩いて報せたのであろう。中国江蘇《こうそ》省高《こう》郵《ゆう》市には明《みん》代の駅が残っているが、ここにも門の横に鼓楼がある。

外国の使いが通る山陽道では特に駅館を瓦葺きにしたが、これらは国分寺と同じ瓦を使用している。

宮城県多賀城市山王遺跡で出土した3号漆紙文書見取図（『山王遺跡Ⅰ』多賀城市教育委員会　1997年による）

この文書は調・庸・雑徭などの課役に人民を徴発するための台帳である「計帳」とみられるが，不要になって廃棄されたものを漆の蓋紙として使用したものである．

中央に見える財部小里は戸主で，次いで妻が記されているが，その次の男財部得麻呂（年29歳）は下段の註記によれば，駅家里戸主丈部禰麻呂の戸に割付けられている．すなわち，財部小里の戸から移されて駅家里の戸主丈部禰麻呂の戸に入れられたことを示すものとみられ，駅戸の設定に強制的移住も行なわれたことがわかる．

国分寺を造るために官営の瓦窯を作って瓦を焼いたが、国分寺が完成すると瓦が余るようになったので、それを駅館に使用したものと思われる。当時、地方で瓦葺きの建物は寺のほかには、国府・郡家《ぐうけ》などの役所にしか用いられなかったが、山陽道では国府でも瓦を使用していないとみられる所も多いので、まず駅館に瓦を使ったということになり、いかに駅家が重要視されていたかがわかる。

このように、駅館は地方では最も壮麗な建物であったから、特に大宰府や国府の近くにある駅などでは、官人達の宴会の場として利用されることも多かった。『万葉集』によれば、大宰府の近くにあった蘆城駅家《あしきのうまや》で任期が終わって都に帰る府官の送別会がしばしば行なわれ、越中国府の近くにあった射水《いみず》郡駅館でも宴会が行なわれている。これらの駅には遊女がいたと思われ、『万葉集』に彼女たちの歌も残されている。

大伴家持は越中守当時、遊女に迷った史生《ししょう》（書記の仕事をする下級国司）の尾張少咋《をくひ》を教え諭《さと》す歌を詠んでおり、さらに「先の妻《め》、夫《せ》の君の喚使《つかい》を待たず、みづから来りし時に作る歌一首」として、「左夫流児《さぶるこ》が　斎《いつ》きし殿に　鈴掛けぬ　はゆま下れり　里もとどろに」との歌がある。左夫流児は遊行女婦《うかれめ》（遊女）の名前で、殿は尾張少咋のことであるが、本妻が呼ばれもしないのに、都から私用であるから鈴を掛けない早馬でやって来たので、里中が大騒ぎになったというのである。

この場合、「鈴掛けぬはゆま」と鈴を掛けた駅馬に対比して使われているのは、その遊女が駅にいたからではなかろうか。

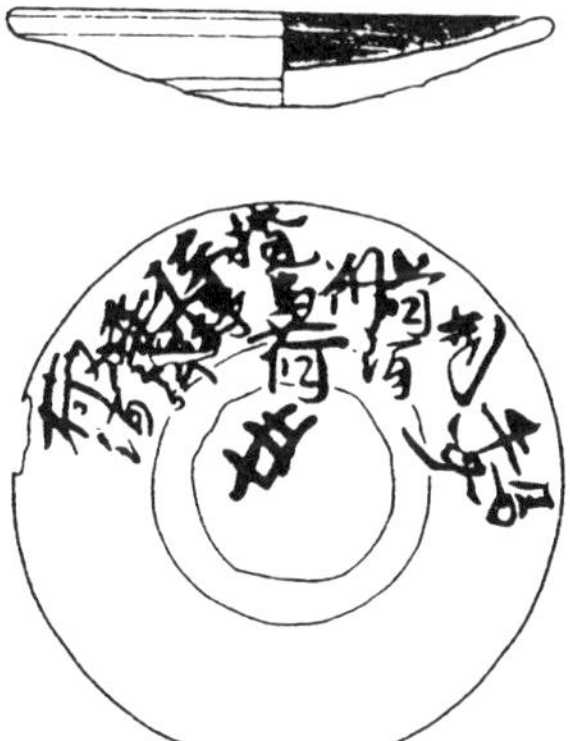

市川市下総国分寺跡出土の墨書土器
（『下総国分寺跡――平成元～5年度発掘調査報告書』市川市教育委員会　1994年による）
高台が取れた皿の裏側中央に「井・上」の組合せ文字，外側に左から「荷酒・遊女杼・杼杼・口人足馬荷・判・荷酒・牛口・馬」と書かれている．

千葉県市川市国府台《こうのだい》は下総国府の所在地であるが、そこで下総国の駅名である「井上」と書いた墨書土器が出ていて、井上《いかみ》駅が下総国府の付属駅であったことを示している。また、すぐ近くの国分寺では、「井上」の文字とともに、「荷・酒・遊女・杼・人足・判・牛・馬」などと落書風に書かれた土器が出土していて、ここにも駅と遊女との関係を思わせるものがある。

伝馬と郡家

古代の駅伝制では、駅制のほかに伝制があって伝使《でんし》とよばれる公用の旅行者に宿泊と食料を供給したが、これらはすべての郡家（郡の役所）で行なわれていた。したがって、郡家にも旅行者に対する宿泊施設が備わっていた。長元三、四年（一〇三〇、三一）ごろの作成とされる『上野国交替実録帳《こうづけのくにこうたいじつろくちょう》』は、当時すでに存在していなかったものも書き記しているので、より古い時期の状態をうかがう手掛かりになる史料であるが、これによれば上野国の諸郡家には郡庁《ぐんちょう》（政庁）や正倉《しょうそう》

（正税収納の倉）のほかに、一館から四館までの番号を付けた「館《たち》」と呼ばれる建物群があり、これらは宿屋と称する建物を中心に厩を付属するものが多く、別に厨家《くりや》があるものもあった。これらの館が宿泊施設であったと考えられる。

郡家には五疋の伝馬が置かれたが、伝馬の乗用は中央政府と大宰府だけが発行する伝符《でんぷ》を所持するものに限られ、任地に赴任する国司や大宰府から都に貢納物を運ぶ伝使などが乗用したが、一般の伝使はもとより国司も帰任する場合には利用できなかったので、すべての郡家に伝馬を置く必要はなかったように思われる。伝馬を利用できない伝使は自費で馬を求めるか歩くかしたらしい。

『出雲国風土記《いずものくにふどき》』によれば、出雲国では駅路通過郡の郡家は駅路に沿って位置しているので、伝馬も駅路を通ったとみられるが、郡家の位置がほぼ明らかな駿河《するが》国西部では、伝馬を置く諸郡家は駅路に沿っていないので、伝馬は駅路とは別路を通ったことになる。そこで、駅路とは別の伝馬の通る道を伝路《でんろ》と呼ぶことにしたい。また、伝馬は通らないにしても、伝使が通ることになる郡家間の道も伝路と呼んでよいだろう。

駅路と伝路の関係は現在の高速道路と在来道路とを考えるとわかりやすい。実際に古代駅路が現在の高速道路と同じ路線をとることが多いことは、前に述べたように武部健一氏が指摘しているが、これは古代駅路も現在の高速道路も目的地に最短距離で到達するように計画的に路線を定めるので、おのずから通過地の地形条件に合って共通した路線をとることになるのである。緊急連絡の駅使は高速道路にあたる駅路を走ったが、急ぐ必要のない伝使は集落を繋ぐ在来道路を通ったのであろう。

おそらく、伝路は古くからあった道路を改修して用いたとみられる。各地で伝路とみられる両側溝を備えた幅六メートル前後の道路が発掘されている。これらの道路は、多くが八世紀末に廃道になっているが、これにはどういう意味があるのだろうか、次の章で述べることにする。

水駅について

前に述べたように、律令の規定には水駅《すいえき》というものがあって、これらは水路に沿って設けられていた。水駅には船と馬と両方を備えることもあるが、船だけの場合は交通量に応じて二隻から四隻までの船を置くことになっている。中国では黄河・長江その他の水路が古くから利用されていたので、船だけの水駅や水陸兼用の駅も多く、川によって上下する場合の一日の行程が令の規定によってそれぞれ定められていた。

日本では可航河川は少ないが、内海や湖では水路も多く利用されていたと思われる。『常陸国風土記《ひたちのくにふどき》』の行方《なめかた》郡曾尼《そね》駅の所に「香島《かしま》〔鹿島〕に向う陸《くが》の駅道《うまやじ》」と書いているので、霞ケ浦と北浦の間を通るこの陸路の他に、「湖《うみ》の駅道」も存在したであろうことを想像させる。また、同風土記に見える那賀《なか》郡の平津《ひらつ》駅家も水駅だったようである。

しかし、天候によって不安定な水路と、馬ほどには速力がでない船は、緊急連絡を主要な任務とする駅制には本質的に不適当であったから、駅路の整備が進むにつれて利用が少なくなり、水駅も次第に廃止されたと思われ、平安時代にはごく限られた地域だけに残ることになる。

『延喜式』には出羽国《でわ》の最上川《もがみ》に沿う野後《のじり》・避翼《さるはね》・佐芸《さき》の三駅と雄物川《おもの》に沿う白谷駅《しらたに》が馬と船とをともに備えているので、これらが水駅であるとされていた。しかし、佐芸駅に置く駅船十隻以外は、すべて伝船であるから他の三駅は厳密な意味での水駅ではない。一方、越後国から佐渡国（島）への渡海駅にあたる渡戸駅《わたりへ》は、国史大系本『延喜式』などには「船二疋」とあって船数隻と駅馬二疋の脱落だろうと考えられていたが、これは九条家本『延喜式』によって、「船二隻」であることが明らかになったので、船だけを備える純粋の水駅であったことになる。とすると、駅馬二疋を置く伊神駅《いかみ》がすぐ近くにあったと思われるので、両駅で水陸の交通を分担したことになるのであろう。

ほかにも多くの渡海駅があるが、『延喜式』ではこれらの駅には船を置いていない。これは、本来は駅馬とともに駅船を置く水陸兼用の駅であったが、官船を常備するのは煩雑で費用もかかるので、民船を容易に雇うことができる所では駅船を廃止したのであろう。結局、『延喜式』に船を記載している駅は辺鄙《へんぴ》な所にあって、民間の船を雇うのに不便な所だけに限られたのではなかろうか。前記の渡戸は、弘仁一三年（八二二）に国分尼寺の尼法光《ほうこう》が渡戸浜に布施屋《ふせや》を建て渡船二隻を寄付したとあるので、同地は宿泊にも船にも不便な土地であったことがわかる。『延喜式』の船二隻も、法光尼が置いた船そのものではないとしても、これを引き継いだ船として置かれたものであろう。

なお、最上川や雄物川で下流側の駅に船が置かれていないことに対して、これを疑問とする説があるが、前述したように佐芸駅以外の船は伝船で、都から任地に向かう伝使が乗用するだけであるから、下航だけに使用されることになり、下流の駅に船を置く必要はないことになる。また佐芸駅では駅馬と駅船とを置くが、駅船は積雪などで駅馬の疾走が不便な冬季に、下航だけに駅船を用いたと考えれば、下流の駅に駅船を常備する必要はなかったのである。

第2章　平安時代の制度と道路の変化

伝馬の廃止と復活

律令の規定を補充・改廃する法令を格《きやく》というが、これらは平安初期の弘仁《こうにん》・貞観《じょうがん》・延喜《えんぎ》年間にそれぞれ編纂されており、これらを内容別にまとめたものが『類聚三代格《るいじゅうさんだいきゃく》』である。これに載せられる延暦《えんりやく》二一年（八〇二）の太政官符によれば、延暦一一年（七九二）六月七日の勅書によって諸国の兵士と伝馬が廃止されたが、陸奥《むつ》・出羽・佐渡と大宰府管内は辺要の地であるので兵士を留めおいた。長門《ながと》国も同様に要地であるというので、延暦二一年に兵士の復活を願い出て許されたとある。

ところが、延暦一一年の勅も『類聚三代格』に収録されているが、これには兵士の廃止をいっているだけで、伝馬の廃止については記されていない。平安時代には『延喜式』に見えるように実際に伝馬が置かれていたから、延暦一一年の伝馬の廃止は疑問であると考える研究者も多かった。

しかし、延暦年間（七八二〜八〇六）は桓武《かんむ》天皇が都を大和から山城に遷《うつ》し、多くの改革を試みた時代であり、駅制に関しても駅路《えきろ》の変更や駅家の廃止と新設などが行なわれているが、国の正史である『日本後紀《にほんこうき》』にかなりの欠落部分があるため詳細は不明である。

六国史《りっこくし》の抄本である『日本紀略《きりゃく》』によってわずかに知るかぎりでは、延暦一四年（七九五）に「近江《おうみ》・若狭《わかさ》両国の駅路を検せしむ」さらに「駅路を廃す」、翌一五年には南海道の「旧路を廃して新道を通ず」などの記事が見えて、かなりの変更が行なわれたことを示している。なかでも延暦一四年の「駅路を廃す」の記事は、それだけでは部分的な駅路なのか全国のそれか不明であるが、一五年には南海道の駅路のことが見えるので全国的な措置とは考えがたい。若狭国については、平城京出土の木簡《もつかん》などで平安時代の『延喜式』の二駅とは異なる駅名が少なくとも三つは知られるので、全面的な改変があったことが確実である。

延暦一一年から二一年までの間には伝馬に関する記事は見当たらないが、『日本後紀』には延暦二四年（八〇五）四月に「土左国をして駅路を帯する郡に伝馬五疋を加え置かしむ」とあるので、伝馬がいったん廃止されたとしても延暦二四年には一部で復活したことになる。ここに「駅路を帯する郡に」とあるのが注目され、本来は伝馬と駅路とは直接の関係がなかったのであるが、これから後は原則として駅路の通っている郡に伝馬を置くようにしたのではないかとの解釈が生まれた。一〇世紀に編纂された『延喜式』では、原則として伝馬は駅路に沿って置かれているように思われるからである。

伝馬廃止の傾向はすでに奈良時代末期に現われていて、神護景雲《じんごけいうん》二年（七六八）に山陽道では伝馬を廃止して、その代わりに各駅に駅馬五疋を増やしている。その結果、国司の赴任も大宰府からの貢上物も駅馬を使うことになり、本来の駅馬の任務から外れた使用が行なわれることになっていった。

以上のように解釈すると、前述したように伝路にあたると考えられる道路遺跡が八世紀末に廃道になっていることの説明がつく。本来は別個の性質をもって、それぞれに機能していた駅制と伝制であったが、九世紀に復活した伝制はもはや独自の機能をもつものでなく、駅制の補助的制度に過ぎないものとなった。その結果として『延喜式』に見えるように、山陽道や南海道などではまったく伝馬を置かず、西海道のように伝馬を駅家に配置する例も多くみられるようになったのである。

なお、延暦一一年の勅に伝馬廃止のことが見えない理由については、この時にいったん伝馬が廃止されたけれども、少なくとも延暦二四年には復活した。そこで、延暦一一年の勅を『弘仁格《こうにんきゃく》』に編纂する際に、すでに伝馬は復活しているので、実際に効力が無くなった伝馬廃止のことは削除して、兵士廃止のことだけを載せたのであろうとの解釈が成り立つ。

駅路と伝路の統合

ところで、延暦の伝馬廃止に伴って駅伝制が統合され、駅路と伝路も整理しなおされた可能性がある。例えば、相摸《さがみ》〔後世は相模と書く〕国箕輪《みのわ》駅（平塚市に想定）から浜田《はまだ》駅（海老名市大谷上浜田・下浜田）を経て武蔵《むさし》国に入り、店屋《まちや》駅（町田市鶴間町谷）・小高《おたか》駅（川崎市高津区新作字小高）を通って大《おお》井《い》駅（東京都品川区大井町）に至る『延喜式』駅路の経路を見れば、台形の三辺を迂回《うかい》するような不自然な経路をとるのに対し、下底にあたるところには少なくとも中世には使用されていた直線的な中原街道があって、この方が駅路としてふさわしい。中世の直線道としてはいわゆる鎌倉街道があるが、

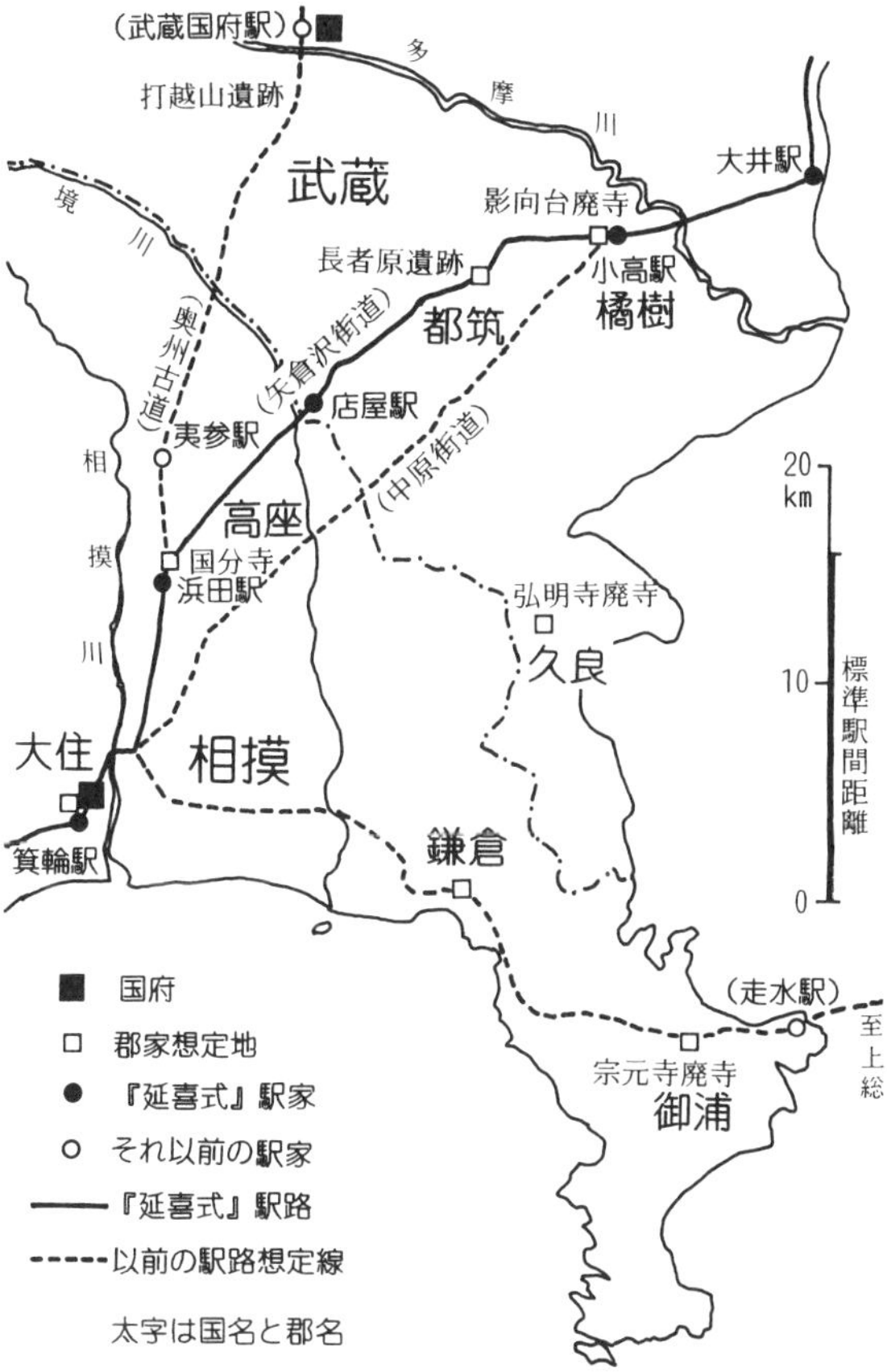

相摸・武蔵間の『延喜式』駅路と他道路との関係

中原街道は鎌倉街道ではないので、計画的に敷設された直線道として古代にさかのぼる可能性が高い。

一方、『延喜式』駅路に沿っては相摸国高座《たかくら》郡家・武蔵国都筑《つづき》郡家・橘樹《たちばな》郡家があったと考えられるので、この経路はもともとは伝路だったのではなかろうか。ほかにも、武蔵国が東山道から東海道に所属替えになった宝亀《ほうき》二年（七七一）当時は、相摸国夷参《いさま》駅（座間市）から武蔵国府に向かう駅路もあったので、二つの駅路を廃止して、その中間にあった伝路を駅路に転用したのであろう。

前に述べたように、奈良時代の駅路は九～一五メートルの道幅を示し、伝路は六メートル前後であったと思われるが、大阪府高槻市で発掘された山陽道駅路は、奈良時代には九～一五メートルあったとみられるのに対して、平安時代には幅六メートルに狭められている。同様に、石川県津幡《つばた》町加茂《かも》遺跡で発掘された北陸道能登路は、奈良時代には幅九メートルで、平安時代には六メートルになっている。また、群馬県で発掘された東山道駅路は奈良時代と平安時代とで経路が異なっていて、奈良時代の駅路は道幅九メートルまたは一三メートルであるが、『延喜式』駅路にあたる路線は九世紀に敷設され、道幅は六メートル前後を示す。

平安時代の駅路が奈良時代の伝路と同じ道幅であるということは、平安時代の駅路の一部に奈良時代の伝路が利用されていることに関係があるのではなかろうか。駅路と伝路を統合整理して原則として伝馬も駅路を通るようにし、かつての伝路を駅路に替えた所もあったので、道幅はかつての伝路を基準にしたのではなかろうか。また、奈良時代の駅路が広すぎて保持に困難であったことも、道幅を

石川県津幡町加茂遺跡で発掘された北陸道能登路
奈良時代に幅９ｍあった道路が，平安時代には道幅６ｍに狭められたので，４本の側溝が残る．

狭めることになった一つの理由であろう。

もっとも、現在までに発掘された古代道路のすべてが、平安時代に六メートルに狭まっているわけではない。福岡県筑《ちく》後《ご》市鶴田《つるた》市ノ塚《いちのづか》遺跡で発掘された西海道駅路は、はじめは一一メートルの道幅があったが、後に九メートルに狭められていた。また、東京都国分寺市西国分《にしこくぶ》地区で発掘された東山道武蔵路は当初は一二メートルで、後にやはり九メートルに狭められている。これらの道路が狭められた年代は確定しないが、いずれにしても後に狭められたことは共通した事実である。

全国の駅名を記す『延喜式』

式は律令の施行細則で、格と同様に弘

仁・貞観・延喜の年代にそれぞれ編纂されたが、『延喜式』が完全な形で現存している。その兵部省《ひょうぶしょう》式にある「諸国駅伝馬」条は、古代の駅名と駅馬数、伝馬の配置場所を残らず示す点で第一級の史料であるが、それが平安時代に入ってからの状態を記すので、典型的な律令制の施行時期であった奈良時代の状態とは異なるところもある。

例えば、西海道では先に述べたように、特に肥後《ひご》国・薩摩《さつま》国や日向《ひゅうが》国のように駅家に伝馬を置いている所があるが、駅制と伝制の機能の差から考えると、これは本来の姿とは思えない。一方、『延喜式』においては一般に伝馬は駅路の通る郡に置かれたと考えられているが、信濃《しなの》国の諏訪郡のように駅路の通過しない郡に伝馬が置かれている例もあり、また駅路の研究や郡家の調査が進むにつれて、先に述べた駿河国以外にも、下野国芳賀《はが》・塩屋《しおや》両郡や筑後国御井《みい》・上妻《かみづま》両郡など、伝馬を置く郡の郡家が駅路から離れて位置している所があり、これらを通る伝路は明らかに駅路とは別路になって、古い形態を残している。

また、『延喜式』駅伝馬条に見える状態は、必ずしも、その編纂が指示された延喜五年（九〇五）や、完成して奏進された延長五年（九二七）当時の情況を示すものではない。例えば、『続日本後紀《しょくにほんこうき》』の承和《じょうわ》七年（八四〇）四月二三日条によれば、美濃《みの》国大井駅家は承和五年以来人馬ともに疲れ、官舎も転倒したので、その復旧対策がとられたことが記されているが、嘉祥《かしょう》三年（八五〇）の官符には「〔美濃国〕土岐《とき》・坂本二駅、程途悠遠」とあって、その中間にあったはずの大井駅のことは書かれていないので、復旧はならなかったとみられる。しかし、『延喜式』には駅馬一〇疋を置く大井駅が挙げられている。

また、『類聚国史《るいじゅうこくし》』鋳銭司《ちゅうぜんし》条によれば、弘仁九年（八一八）八月七日の勅によって、長門国の駅家一一所の馬五五疋はほとんど利用がないので、駅ごとに駅馬一疋を残して他の馬は鋳銭料の鉛の輸送に用いることになっている。山陽道本道は大路として各駅に駅馬二〇疋を置くことになっているから、長門国で駅馬各五疋を置く駅は山陰道との連絡路に属することになる。長門国で鉛を産する長登《ながのぼり》鉱山は、山陰道連絡路に近い山口県美祢《みね》郡（現美祢市）美東《みとう》町にあるので、まさしくその駅馬が転用されたことになる。『延喜式』によれば、山陰道連絡路には阿津・鹿野《かの》・意福《いふき》・由宇《ゆう》・三隅《みすみ》・参美・垣田・阿武《あむ》・宅佐《たかさ》・小川《おかわ》の一〇駅が置かれて『類聚国史』より一駅少なくなっているが、なお各駅に駅馬三疋が置かれている。また『延喜式』には、これと連絡する石見《いわみ》国府以西の駅が記されていないから、この連絡路は現実には機能していなかったのであろう。

衰えゆく駅伝制

以上述べたように、伝制は次第に駅制のなかに吸収されたので、その存在意義は薄れていった。すでに弘仁三年（八一二）に伊勢国は、伝馬は新任の国司を送る以外に乗用されることはなく、桑名《くわな》郡榎撫《えなつ》駅（三重県桑名郡〈現桑名市〉多度《たど》町戸津《とづ》）から尾張国に行くのには水路を用いるので、伝馬を置く必要がないことを申し出て、その廃止が認められている。ここで、伝馬は都から東海道を下って任地に赴く国司のためにのみ置かれ、逆に都に上る場合には用いられないことがはっきりするが、また伝馬は本来郡家に置かれたはずであるのに、ここでは駅に伝馬が置かれていたらしい。

駅馬も本来は緊急連絡の早馬として用いられ、官使の乗用は四度使《よどのつかい》と呼ばれた国司の年次報告のなかでも最も重要視された朝集使《ちょうしゅうし》だけが、遠国から来る場合に限って許されていたが、後には近国も含めて四度使すべての乗用が認められるようになった。

神護景雲二年（七六八）に伝馬が廃止された山陽道では、大同二年（八〇七）に駅馬を減らしているが、その理由として大宰府からの貢上物が減ったことを挙げているので、その輸送にも駅馬が用いられていたことがわかる。駅馬が本来の任務から離れて、いろいろな用途に使用されるようになったのである。

駅馬の使用範囲があいまいになると、諸使が権力をかさにして不正に使用することが多くなり、そのために駅家の負担が増大し、それに耐えかねて駅子が逃散《ちょうさん》するという事態が起こった。

正式の記録は残っていないが、平安時代後期になると駅路も変わり、駅家も変わったらしい。一〇世紀後半に書かれた清少納言の『枕草子』には「駅《うまや》は　梨原《なしはら》。望月《もちづき》の駅。」とあり、『延喜式』にはない駅名を記している。梨原は現在の滋賀県草津市の追分《おいわけ》付近と考えられ、『延喜式』では勢多《せた》駅を出てから東海道は岡田駅、東山道は篠原駅になるが、梨原は両道の分岐点付近にできた新駅と思われる。望月は近世の中山道《なかせんどう》望月宿であった長野県北佐久《きたさく》郡望月町（現佐久市望月）にあたるから、ここでは東山道の駅路が変わったらしい。諏訪盆地から望月にかけては、一志茂樹《いっししげき》氏（元信濃史学会会長、一八九三〜一九八五）が古墳時代の交通路として指摘した古東山道が通っており、私はこれが律令期には諏訪郡と佐久郡をつなぐ伝路になったと考えているが、平安時代中期以後は駅路として利用されるようになったらしい。望月には馬牧があり、ここで飼育された馬は良馬として知られ、毎年都に送られた。その貢馬使《こうばし》が美濃国の諸駅で横暴をきわめたことがしばしば問題になっているが、この道が貢馬の道として用いられたのであろう。

一〇世紀になると、地方行政は受領《ずりょう》とよばれた国司長官に一任されるようになったので、受領のなかには私利をむさぼるものも多かった。永延二年（九八八）に尾張国の郡司《ぐんじ》や百姓たちが、国司藤原元命《もとなが》の非政を三一カ条にわたって列挙し、中央政府にその解任を要求する訴状を提出しているが、その一一条は駅路を上下する官使に支給される食料の経費を出さず、駅子の賃銀と食料も与えていないこと、一二条では着任以来三年の間、駅馬・伝馬の買替《かいかえ》料と馬の飼料代を着服して私用にあてたことを指摘している。当然、駅伝の業務は停滞した。なお『延喜式』によれば、尾張国にはそれぞれ駅馬一〇疋を置く三駅と、伝馬五疋ずつを置く二伝とがあったが、本状によれば駅馬三〇疋・伝馬一五疋とあるので、三駅・三伝があったことになり、また駅のところで伝食料《でんじきりょう》という言葉が出てくるので、駅と伝が同所に置かれていたのではないかと思われるなど、変化がみられる。

これらは極端な例であろうが、ほかでも大同小異の状態にあったと思われ、一〇世紀末になると実質的に駅伝の制度は行き詰まり、荒廃する駅家も多く出てきた。一一世紀に入ると駅伝制の名残もなくなり、平安時代末期の国守の仕事を具体的に記す、『朝野群載《ちょうやぐんさい》』に載せられる「国務条々事」によれば、赴任・帰任の旅行では部下を先行させて宿所の手配をさせなければならなかった。実際に『更級《さらしな》日記』に見える、寛仁《かんにん》四年（一〇二〇）上総介《かずさのすけ》の任期を終えて帰京の旅に出た菅原孝標《たかすえ》の一行は、途中に適当な宿舎がない場合は「仮屋を作り設け」、「柿の木の下に庵などを作」らなければならなかった。

第3章　宿と鎌倉街道

『義経記』に出てくる宿

源義経を主人公にした『義経記《ぎけいき》』は、室町時代に成立した英雄説話物語で、もちろんフィクションであるが、それ以前に成立した『平治《へいじ》物語』や『平家物語』を受け継いだ部分もあり、そのなかに平安時代末期から鎌倉時代の実情を伝える部分も少なくない。

牛若丸から遮那《しやな》王と名を変えた義経は、金売り吉次に伴われて奥州へ向かうが、京都を出て最初に近江国鏡《かがみ》の宿《しゆく》の長者の家に泊まっている。ここで、吉次の荷物に目を付けて押し入った盗賊を遮那王が退治する武勇談があるのだが、鏡は現在の滋賀県蒲生《がもう》郡竜王《りゆうおう》町鏡で、近世中山道を改修した国道八号線が通っている。中山道の道筋はまた、古代の東山道をほぼ踏襲している。時代によって宿駅が変わり、古代の駅は篠原で、鏡から西南に低い峠を越えて二キロほど離れた野洲《やす》町（現野洲市）大篠《おおしの》原《はら》にあったが、江戸時代には鏡から東北に約六キロ離れる武佐《むさ》と、西南に一三キロほどの守山《もりやま》が宿場であった。

遮那王の一行は、次に美濃国青墓《あおはか》の宿に泊まっている。青墓は『平治物語』にも出てくるが、義経

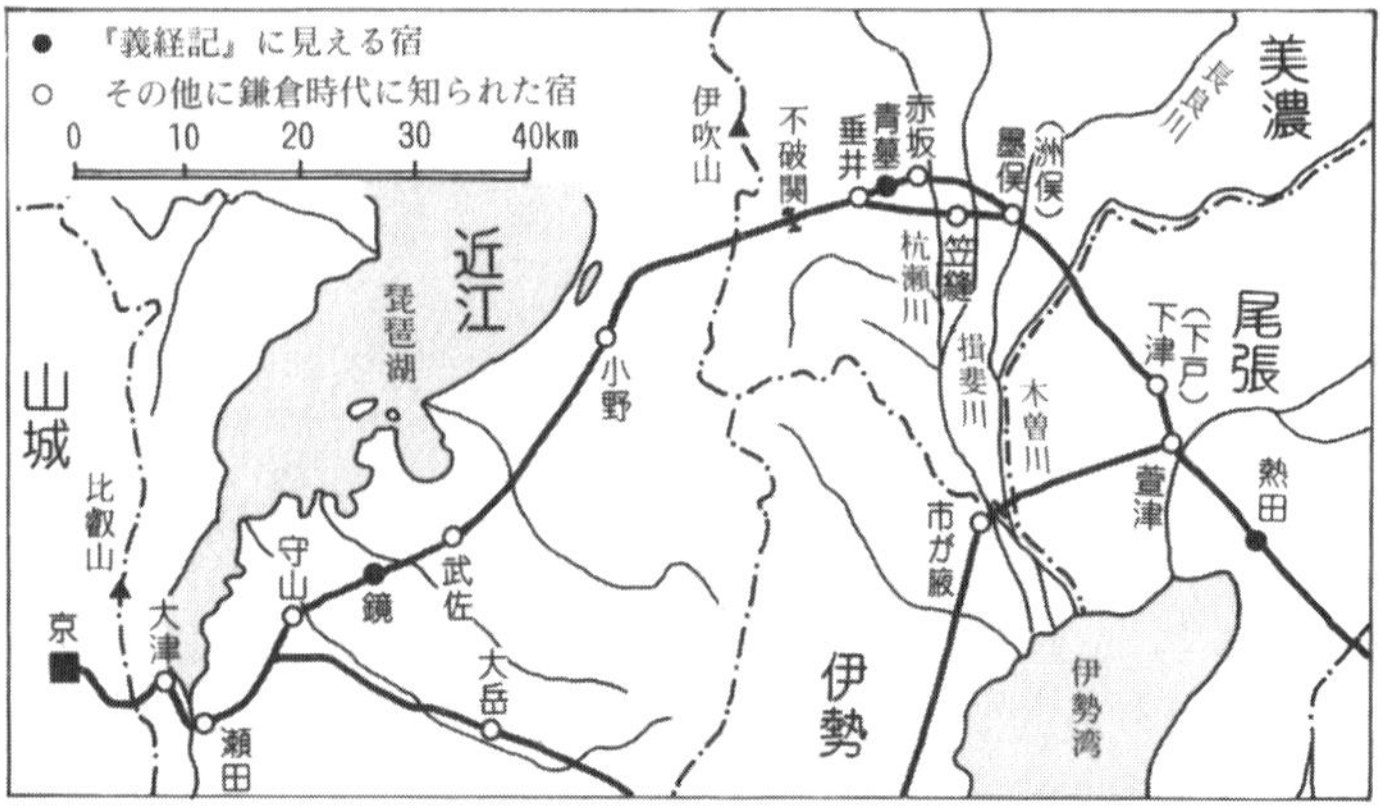

『義経記』巻第２「鏡の宿　吉次が宿に強盗の入る事」の段に見える宿

の父義朝《よしとも》はこの宿の長者大炊《おおい》の娘延寿《えんじゅ》に夜叉御前《やしゃごぜん》という娘を生ませており、義朝の次男朝長《ともなが》はここで死んでその墓があり、頼朝も平治の乱の後に青墓を訪ねている。青墓は現在の大垣市青墓で美濃国分寺に近いが、古代東山道の不破《ふわ》駅は西南四キロ弱の垂井《たるい》町垂井に想定される。青墓を不破駅の後身と解する説もあったが、これは青墓が古代末の宿としてよく知られたことから同所であろうと考えたもので、律令期の駅と古代末以来の宿とを混同した結果である。古代の駅は国府に近い場所に置かれることが多く、また不破駅は東山道本道と東海道への連絡路の分岐点になっていたはずなので、これらの点から考えて、美濃国府跡のすぐ南にあって近世の美濃路を分岐する垂井の方が適当である。

宿に遊女がいたことは鏡・青墓の例によっても知られるが、鎌倉時代の貞応《じょうおう》二年（一二二三）の旅行の次第を記した『海道記《かいどうき》』（作者不明）に、「関下《せきもと》の宿を過ぐれば、宅をならぶる住民は、人をやどして主とし、窓にうたふ君女は、客を留めて夫とす。」と記すところに典型的に示されている。関下は今の南足柄《みなみあしがら》市関本で古代の相摸国坂本駅も同所にあったと思われるが、旅館が軒を並べ遊女が旅人を誘う宿の繁盛ぶりがよくわかる。

宿の成立

さて、このように平安時代末期から鎌倉時代にかけての物語や紀行文に出てくる宿《しゅく》は、古代の官営の駅が廃れてから民間の宿泊施設として発達したものである。宿の語は天慶三年（九四〇）の成立とされる『将門記《しょうもんき》』に、「服織《ふくおり》之宿」「石井之宿」「鎌輪《かまわ》之宿」などと地名を付して出てくるが、これらは交通集落としての宿ではなく、単にその地における宿所という意味らしく、宿の字の右下に「リ」とかなをふって「やどり」と読ませていることからもわかる。古代末期の文献に出てくる宿は、このような宿所なのか、交通集落としての宿なのか不明なものが多い。

しかし『海道記』になると、関下の宿のほかにも「赤坂の宿を過ぐ」「廻沢《まいさわ》の宿を過ぎ」「山口といふ今宿を過れば」などと記しているので、これらは単なる宿所ではなく交通集落を意味している。赤坂は江戸時代も東海道の宿場であった愛知県宝飯《ほい》郡（現豊川市）音羽町赤坂、廻沢は近世の舞坂《まいさか》宿で浜名湖畔の静岡県舞阪町（現浜松市）、山口は静岡県掛川《かけがわ》市東部の西山口・東山口で、近世の日坂《にっさか》と掛川両宿の中間にあたるが、鎌倉時代初期は小夜《さよ》の中山を越えた菊河が宿で、その手前の宿は天竜川西岸（後に東岸）の池田でかなりの距離があったから、新しく宿を形成したものだろう。ただし、池

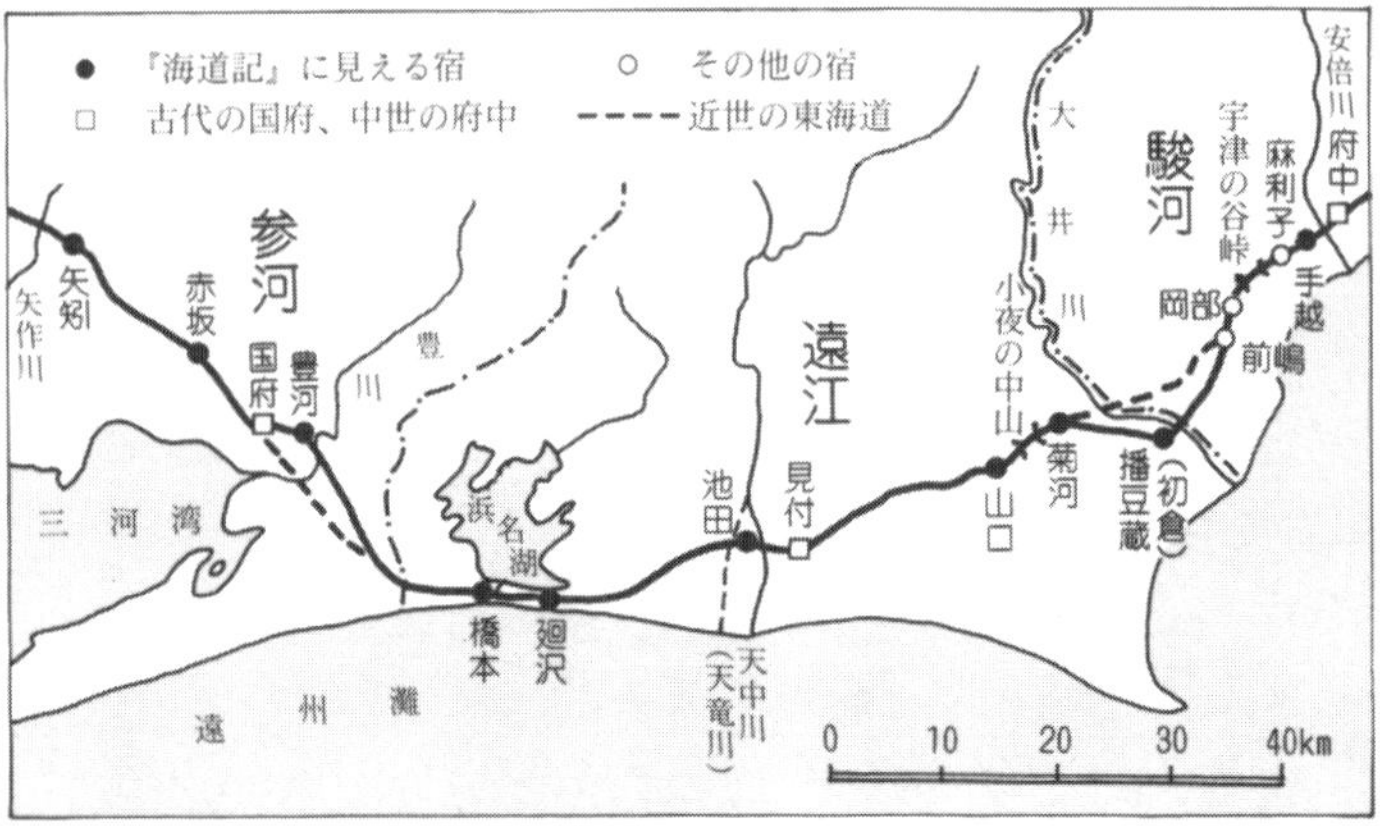

『海道記』に見える宿（参河・遠江・駿河）

当時の浜名湖は浜名川で海に通じ，古代は橋が架かっていて橋本の宿名はそれに由来する．『海道記』の当時は橋はなく渡し場となっていた．その後，明応7年（1498）の地震で砂洲が決壊して，大きく地形が改まった．また，天竜川（天中川）の流路も現在より東を流れ，池田宿はその右（西）岸にあった．

田に近い磐田《いわた》市見付は遠江《とおとうみ》国府の地であったから、ここに宿泊する者も多かった。

これらに対して、赤坂付近の古代の駅は『延喜式』では岡崎市山綱《やまつな》駅と豊橋市の豊川西岸にあったとみられる渡津《わたつ》駅で、赤坂はほぼその中間にあたるが、浜松市伊場《いば》遺跡出土の木簡にある「宮地《みやぢ》駅」は宮路山麓にあった三河《みかわ》国府付近と考えられるので、奈良時代には赤坂に近いところに駅があったことになる。一〇世紀末ごろに三河守に任じられた大江定基《さだもと》は、愛妻の死を契機に寛和《かんな》二年（九八六）に出家したことは『今昔《こんじやく》物語』や『宇治拾遺《うじしゆうい》物語』などにも出ているが、僧名を寂昭《じやくしよう》といい長保二年（一〇〇〇）に入宋して名僧として知られた。『源平盛衰記《げんぺいせいすいき》』によれば、その妻は赤坂宿の力寿《りきじゆ》という遊女であったとしている。この話が真実ならば、赤坂宿は一〇世紀末には成立していたことになるが、より古い『宇治拾遺物語』や『今昔物語』には赤坂宿の名は見えないから、赤坂宿の遊女というのは後世の作為である可能性が高い。

坂本太郎氏（元東京大学教授・国学院大学教授、一九〇一～八七）によれば、確実に宿場を意味する宿は、『兵範記《ひょうはんき》』仁安《にんあん》二年（一一六七）の記事に見える「山崎宿」「豊島宿《てしま》」などが早いという。これは西国《さいごく》街道（山陽道）のことで、山崎は古来の駅であった。豊島はより後世の『明月記《めいげつき》』建保元年（一二一三）の記事に「豊島之駅家」と記しているが、『延喜式』には見えないので律令駅制による駅ではないと思われる。この当時は、駅と宿の語を同様に用いていたのであろう。

鎌倉幕府の公式の記録である『吾妻鏡《あづまかがみ》』にも、初めは酒匂《さかわ》（小田原市）・黄瀬川《きせがわ》（沼津市）・国見《くにみ》（福島県伊達郡国見町）・船迫《ふなばさま》（宮城県柴田郡柴田町）などを、同文中に駅と書いたり宿と書いたりしているが、しだいに宿の語を使うことが多くなり、古代の駅に対して鎌倉幕府は公的にも宿という言葉をとるようになったようである。

鎌倉幕府の交通制度

鎌倉時代は、幕府が文治《ぶんじ》元年（一一八五）に守護・地頭を設置して全国の荘園を実質的に支配した一方、形ばかりではあるが古代律令制に基づく国衙《こくが》による地方行政も行なわれたから、両政権の中心地である鎌倉と京都とを結ぶ東海道の交通・連絡は特に重要であった。古代の東海道は伊勢国の鈴鹿関を通っていたが、中世には美濃国の不破関を通って、墨俣《すのまた》で木曾川を渡って尾張国に入る道筋が多く用いられた。古代にも、承和《じようわ》二年（八三五）の官符で東海道の諸河川とともに墨俣川の渡し船を増やすことを指示しているが、これらの川は東海・東山両道の要路であるとしているので、美濃・尾張連絡路は『延喜式』には見えないが、平安時代初期までは駅路として機能していたものである。『更級《さらしな》日記』の作者たちもこの経路をとっているので、鈴鹿を通る東海道本道よりも便利だったらしい。

幕府は鎌倉―京都間の交通・連絡のために、「駅路の法」として沿線の荘園や御家人《ごけにん》に伝馬や糧食を提供させる制度を始めたが、必要に応じて馬を出す程度のものであったから急場の間に合わず、文暦《ぶんりやく》二年（一二三五）からは宿中に早馬を常備させる制度を始めた。古代の駅制は計画的に駅家を設置したが、宿は自然発生的に発達した交通集落であるから、間隔は不均等で早馬を置いても十分に機能することはできない。そこで、必要な地点に新宿を設置させて駅制の整備につとめた。

『吾妻鏡』には文治三年（一一八七）に美濃守護の申請によって美濃国に新宿を設置し、同五年（一一八九）に奥州征伐における手越家綱《てごしいえつな》の戦功によって駿河国麻利子《まりこ》を与え、ここに浪人を集めて宿を開かせるなどしている。家綱は駿河国手越《てごし》（静岡市）を本拠にする武士であったが、手越は安倍川西岸に平安時代末期から栄えた宿で、麻利子（静岡市丸子《まりこ》）はその西方四キロに過ぎないから、宇津ノ谷《うつのや》峠にさしかかる東麓に設置されたものであろう。同様に、宇津ノ谷峠西麓には『東関《とうかん》紀行』に「岡部の今宿」と見える岡部町岡部があり、西方の前嶋《まえじま》宿（藤枝市前島）までは九キロほどある。前にあげた『海道記』の「山口と云ふ今宿」も、同じようにしてできたものであろう。このように、幕府は宿間の均等化を進めたが、必ずしも順調には進展しなかったらしく、建暦《けんりゃく》元年（一二一一）には東海道沿線の守護・地頭に新宿の設置を督促している。宿が民営の宿泊施設である以上、利益が上がらない場所には宿は発達しないのである。

鎌倉幕府の駅制は古代駅制ほどに整ったものではなく、『吾妻鏡』によれば建久《けんきゅう》五年（一一九四）当時は大宿には八人、小宿に二人の人夫が常備されていたに過ぎず、馬については明記されていない。弘長《こうちょう》元年（一二六一）には大宿・小宿の区別なく、各宿に馬二疋を常備するように布令を出している。これらの人夫や馬の使用証になるものを過書《かしょ》といったが、初めはこれを専門に扱う職制もなく政所や執権が適時発行していた。蒙古来襲の文永の役（一二七四）以後は、宿次《しゅくつぎ》過書奉行という専任者を置いたらしい。また文永の役以来、鎌倉—九州間の交通・通信の重要性が高まったので、駅制も京都から博多まで延長されるようになった。文永の役では博多から鎌倉まで一六日を要した早馬が、弘安の役（一二八一）の際には一二日で到達したという。早く駅制が整備された鎌倉—京都間は三〜四日で走ったのである。

鎌倉街道の道筋

東日本の各地に鎌倉街道と呼ばれる古道がある。その呼び名は当時のものではなく、江戸時代に始まったらしいが、東国御家人が鎌倉へ向かう道であり、また鎌倉へ物資を運ぶ道であった。鎌倉街道は関東・東北・中部地方に残っているが、その西限は岐阜県・愛知県あたりになるようである。

幕府は東海道の遠江・駿河・伊豆・甲斐・相模・武蔵・安房・上総・下総・常陸の一〇カ国、東山道の信濃・上野・下野・陸奥・出羽の五カ国の計一五カ国の御家人に対して、鎌倉番役という、一カ月単位で鎌倉に出向いて将軍・執権の身辺を警護する任務を負わせていたから、鎌倉街道は鎌倉番役に出るための道であった。鎌倉街道の範囲も以上の一五カ国内に展開し、西国との接触地帯にまで及んでいたようである。

また幕府は非常事態に際しては、御家人を非常召集して動員しなければならなかった。「いざ鎌倉」という場合には、謡曲「鉢木《はちのき》」で佐野源左衛門常世《つねよ》が上野国佐野（高崎市佐野）から痩せ馬に鞭打って鎌倉に馳せ参じたように、東国一円の御家人は鎌倉街道を疾駆した。鎌倉街道は緊急時には鎌倉から軍勢を繰り出す軍用道路となった。

西日本の御家人は京都に上って、三カ月ないし六カ月間朝廷の警護にあたる京都大番役があったが、西日本では古代以来の駅路が京都に通じていたから、若干の変更はあってもこれらの道筋が利用されたのであろう。しかし、東日本では古代の駅路は東海道と東山道が関東地方を東西に通過していたから、東北地方と中部地方へはこれらの道筋が利用できたとしても、関東地方内部では鎌倉を中心に放射する新たな路線が必要になった。

これらの道筋は必ずしも明確ではなく諸説がある。中世交通路研究家の阿部正道氏は新田義貞《にったよしさだ》の鎌

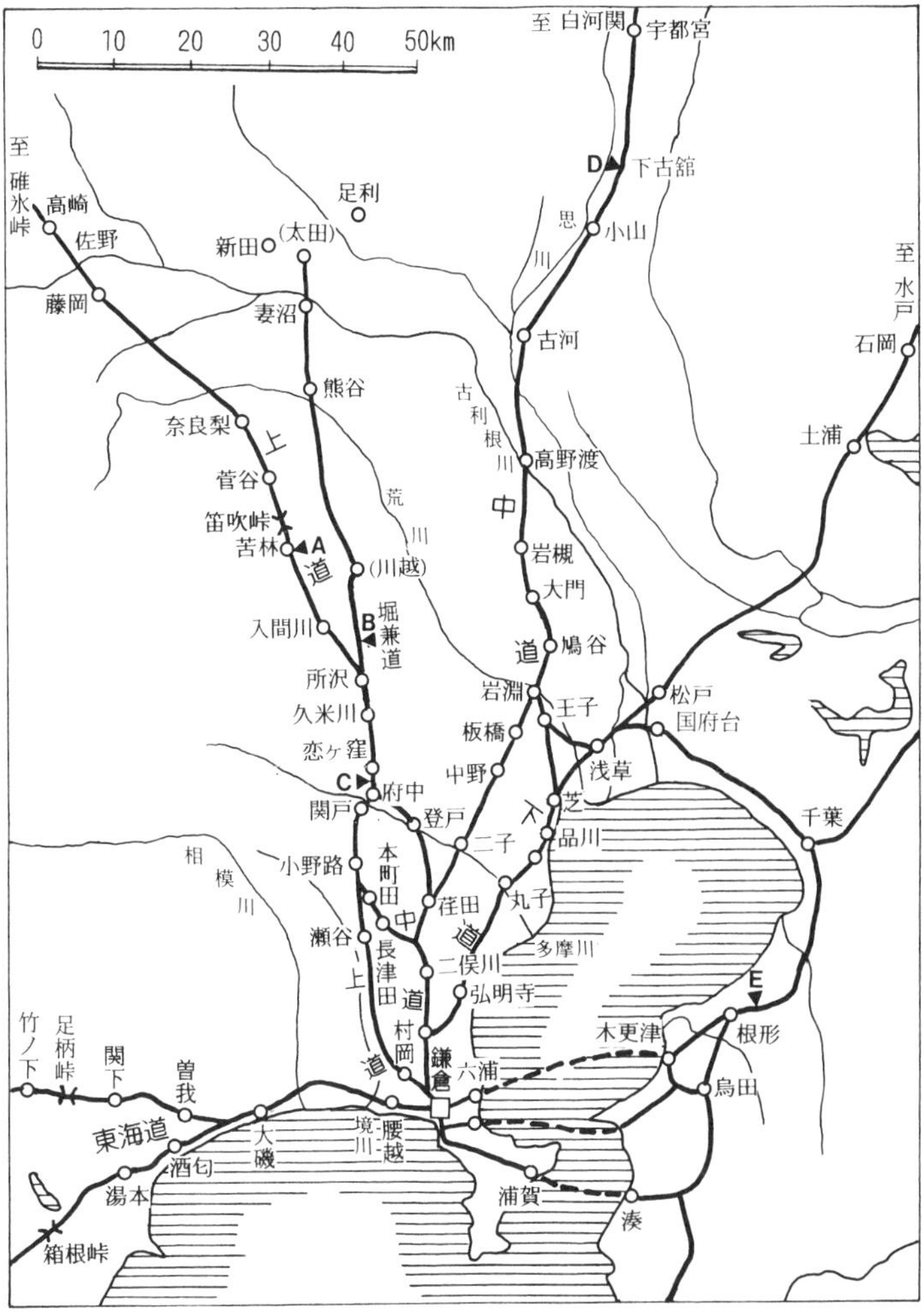

鎌倉を中心とした鎌倉街道（児玉幸多編『日本交通史』菊池紳一「鎌倉幕府の交通政策（陸上交通）」の「鎌倉街道要図」を基に修正・加筆）

倉攻めに際して鎌倉勢が防御のために進み出た道が、『太平記《たいへいき》』に「上路」「中道」「下道」とあり、『梅松論《ばいしょうろん》』（承久の乱から室町幕府成立期までを記す歴史物語、一三四九年ごろの成立）には「武蔵道」「中の道」「下の道」と見えるので、「上路」と「武蔵道」は同じとみて、「上路」は鎌倉化粧坂《けわいざか》から出て境川沿いに北上し、小野路《おのじ》・関戸《せきと》から府中に至る道、「下道」は鎌倉山ノ内から弘明寺《ぐみょうじ》・鶴見方面に至る道、「中道」は下道から分かれて戸塚《とつか》・二俣川《ふたまたがわ》・長津田《ながつた》を経て本町田《ほんまちだ》付近で「上路」に合する道としている。ほかにも、鎌倉からは朝比奈《あさひな》切通しから金沢《かなざわ》に出て海路品川や上総国木更津《きさらづ》に出る道、三浦半島南部に至る道などがあった。

以上のように当時の文献には「道」「路」両様の書き方をしているが、同じものと思われるので、以下本文では文献の引用以外は道に統一する。

上道は、さらに武蔵府中から武蔵野を北上して上野国から信濃国に入り、下道は現在の東京の市街地を抜けて下総国を経て常陸国に向かうが、また東京湾岸を下総国から上総国に入り、千葉で香取神宮方面に向かう道と安房国方面に向かう道とが分岐し、後者は木更津で上陸する道路にも合していた。

一方『吾妻鏡』によれば、文治五年（一一八九）源頼朝が奥州の藤原泰衡を征討した際に軍勢を東海道・東山道・北陸道経由の三手に分けているが、北陸道軍が「下道（?・）」をとったのに対して、東山道筋の頼朝の本軍は「中路」をとっている。『太平記』でも「道」「路」両様の書き方をしているから、これを「中道」と同じとすれば、阿部氏の言う「中道」とは異なることになる。あるいは、最

発掘された鎌倉街道

千葉県市原市と君津郡袖ヶ浦町（現袖ヶ浦市）の境界線上を通る鎌倉街道（55ページ図のE地点）．両側に側溝が見え，路面幅は約3 m.

初に鎌倉を出る際の経路が同じだったことを言うのだろうか。ここでは、中道は大きくは奥州への道と解しておく。なお、奥州征討の北陸道軍は途中で上野国の住人らを加えているから、この「下道」は前述の「上道」にあたり下は上の誤記と思われる。

鎌倉街道は古代駅路のように一本の道筋として固定したものではなく、同じ道筋にも複数の路線が並走しており、また多くの支路があったから、どの道が主路であったか不明なことも多いのである。

鎌倉街道と宿で発掘されたところもあり、埼玉県入間郡毛呂山《もろやま》町堂山下遺跡（五五ページ図のA）では約四〇×五〇メートルの溝で囲まれた方形の区画をもつ集落と、これに沿って側溝を有する路面幅約四メートルの道路遺構が検出され、同遺跡は上道に沿う苦林《にがばやし》宿と見られている。また、千葉県市原市と君津郡袖ヶ浦町（現袖ヶ浦市）の市

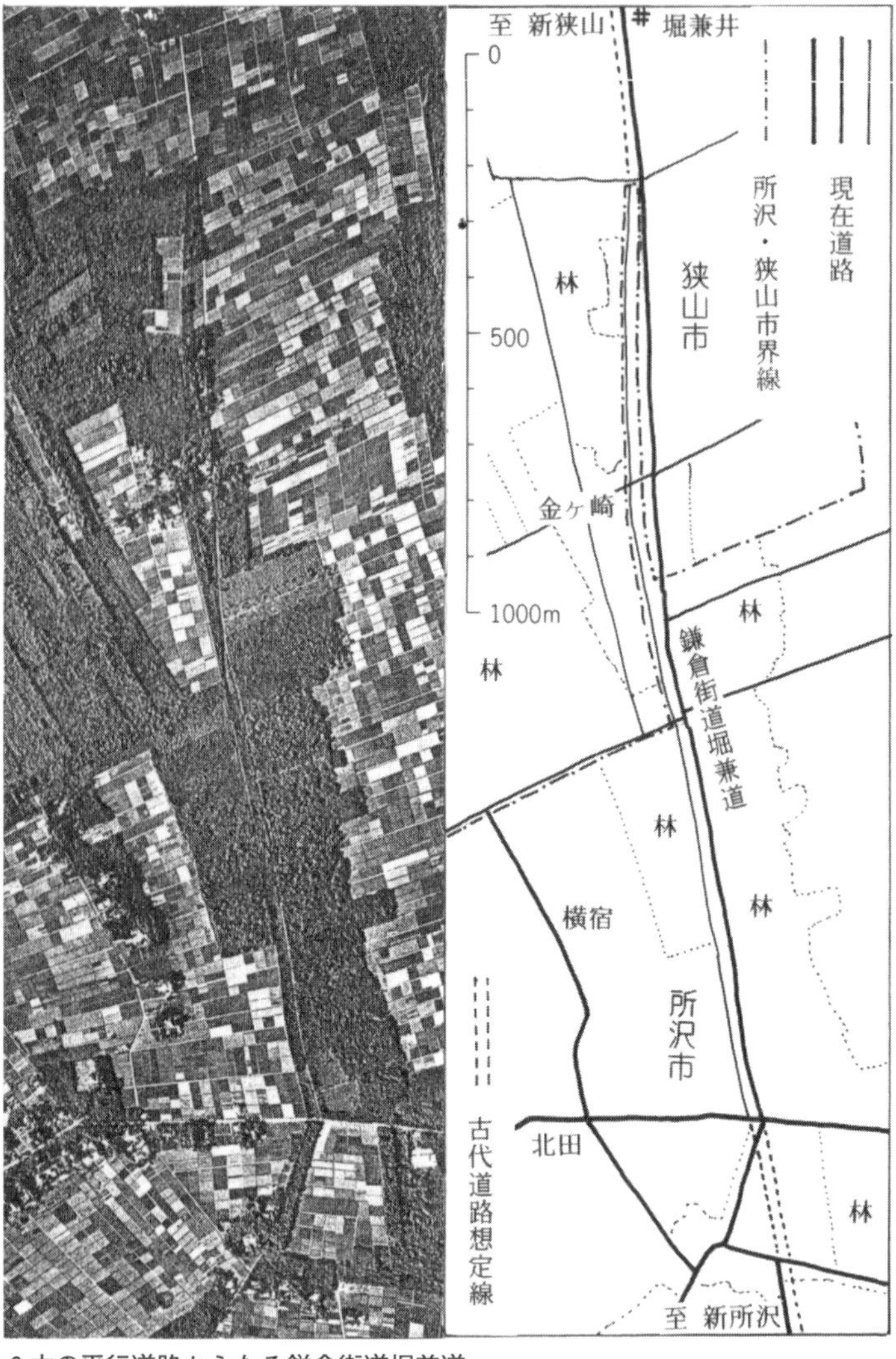

2本の平行道路からなる鎌倉街道堀兼道

(空中写真は国土地理院撮影の KT-61-5, C 1 B-26の部分を縮小)

町界に沿う鎌倉街道（図のE）も数カ所で側溝をもつ路面幅一・四〜三・一メートルの遺構が発掘されている。

これらの多様な路線のなかには、古代道路の道筋を踏襲したと思われるものも少なくない。例えば、埼玉県所沢市で上の道から分岐して坂戸《さかど》・東松山・熊谷《くまがや》を経て群馬県太田市方面に向かう道筋は、新田義貞が鎌倉攻めに通ったものであるが、所沢付近では「堀兼道《ほりかねみち》」（五五ページ図のB地点）と呼ばれている。この道筋は宝亀《ほうき》二年（七七一）以前の東山道武蔵路を踏襲したものと思われ、その路線に沿う川越市的場《まとば》の八幡前・若宮遺跡で「驛長」の墨書土器を出土したほか、堀兼道の直線的路線形態、幅一〇メートル以上の切通し遺構や約二〇メートルを隔てての平行道路など、古代道路の遺構とみられる状況を所々に残している。

鎌倉街道の形状

阿部正道氏によれば、鎌倉街道の形態的な特徴の一つは、道路が堀状に窪められていることで、また道路の両側に土手を築いていることもあるという。これらは、軍用道路として軍勢の行動を秘匿する意味があったとの解釈が成り立つ。

次に、阿部氏は鎌倉街道が直線的路線をとって坂を直登するために、V字形に深く掘り下げた薬研《やげん》状の坂道になることを指摘している。薬研は薬の原料を粉にする道具で、断面がV字状になっているので、断面がV字状の堀を薬研堀などという。東京都大田区新井宿一丁目の八景《はっけい》坂は、元は薬研坂

（やげんざか）といわれていたが、後に八景坂（やけいざか）と書かれ、さらに八景坂（はっけいざか）になったのだというが、ここはまさしく鎌倉街道下道の通路になっている。

これらの形状は古代道路にも共通することで、例えば常陸国の東海道駅路跡がしばしば「五万堀《ごまんぼり》」と呼ばれる堀状の凹地となっていて、源義家が五万の軍勢を率いて通った当時の奥州街道の跡であるとの伝承を残している。その一部は傾斜地にあって薬研形坂道に類するものもあるが、完全な平坦地にあって現在はすでに埋め立てられてしまっているところもある。

佐賀平野には約一六キロを一直線に通る古代道路の痕跡が残っているが、その一部は水田地帯にありながらなお掘り窪めている所があり、吉野ヶ里遺跡の西方約五〇〇メートルの神埼《かんざき》町馬郡《まぐい》集落北側では、幅約一五メートルの窪地が二〇〇メートルほど続いて、蓮池の湿地になっていた。それが本来の形態であるのか疑問に思っていたが、発掘調査ではその下から古代の道路遺構が確認された。この路線に沿っては、現在水濠になっている部分もあるが、路線全体が窪地になっていたとは考えられないので、どのような場所を窪地にし、なぜ窪地にする必要があったのか、なお今後の研究課題である。

古代道路も坂道は直登するので、やはり薬研状の掘り込みを作る。長野県上伊那郡箕輪《みのわ》町で天竜川の支流深沢《ふかさわ》川が、天竜川西岸の段丘を下刻《かこく》して深い谷を作っているが、段丘上を通る東山道駅路が深沢川を横切るその南岸が典型的な薬研坂になっている。図に示すように、段丘上から谷底まで二四、五メートルの高低差があるが、道路は川を直角に横切るので谷の崖の上部をV字形に六〜七メートル

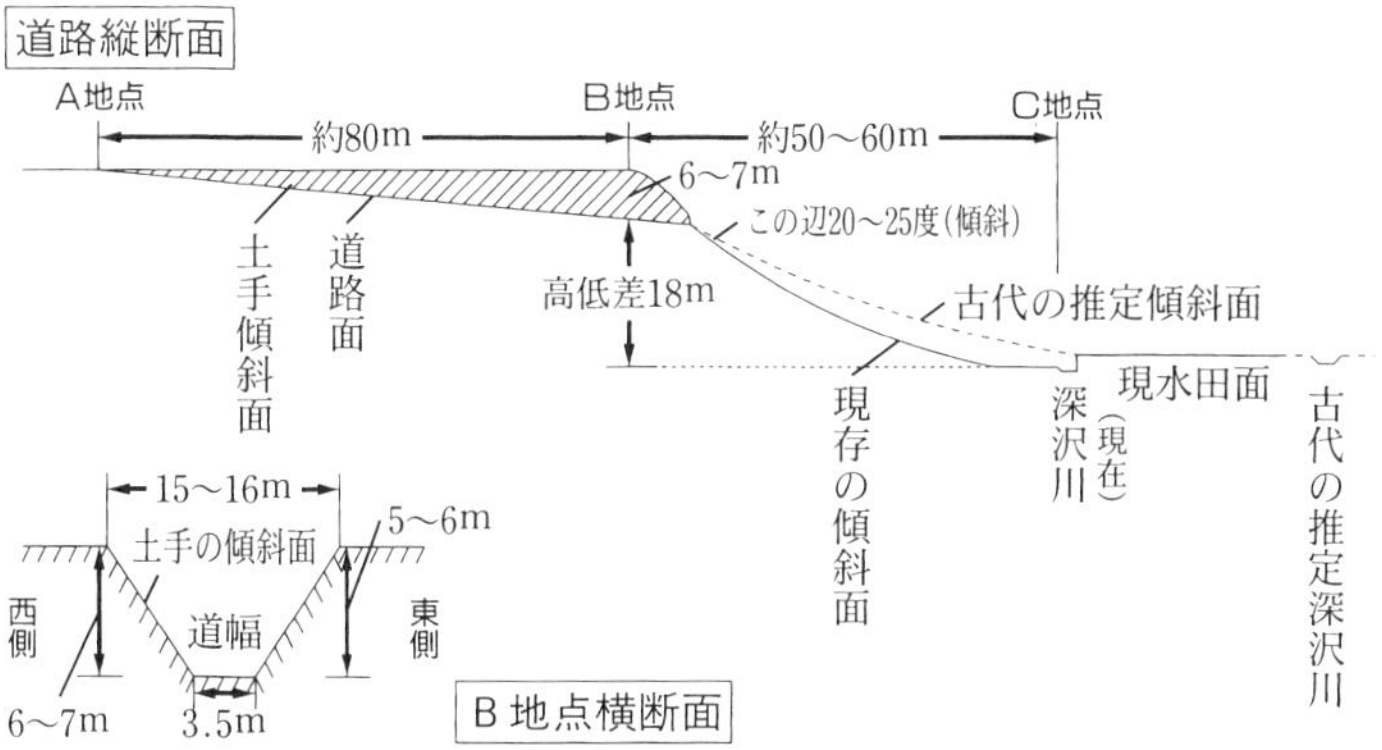

長野県箕輪町深沢川右岸の古代道切通し遺構（薬研坂）復原図

（柴登巳夫「東山道深沢駅についての一考察」（『伊那路』27巻3号　1983年）より一部改変）

掘り下げている。現在は埋め立てられているが、一九四八年撮影の空中写真にはこの部分が楔《くさび》形に明瞭に写っている。ただし北岸は明瞭でない。なお、『延喜式』深沢駅は深沢川北岸の段丘上に想定されており、また切通しから南に約五〇〇メートルの地点で、幅約一二メートルの古代道路遺構が発掘されている。

このようにみていくと、古代道路と鎌倉街道とには形態的な共通性があり、これは両道がともに軍用道路としての性格を持っていたことに関係があると思われる。両道の違いは、古代道路が定規で引いたような直線路線をとるのに対して、鎌倉街道は直線的ではあるが若干の歪みを示すことが多く、また道幅は古代駅路が九メートル以上あったのに対して、鎌倉街道は広くても六メートル程度である。

鎌倉街道は古代道路ほどの計画性はなかったとしても、道路工事を施して造成した所があるという点で、主として自然発生の道路から発達して、曲折の多い路線をとった近世の道路とはなお異なるところが多いのである。

道路に沿う中世集落の発掘

前記したように鎌倉街道上道に沿う苦林宿が発掘されたが、宿の細部は絵巻物などによってしかうかがい知ることができない。一方、名も知られない一三世紀から一五世紀前半の交通集落が発掘された。JR東北本線自治医大駅前の区画整理事業に係わる一九七八〜八八年度の文化財調査で見つかった、栃木県国分寺町（現下野市）小金井の下古舘《しもふるだて》遺跡（五五ページのD地点）である。

遺跡はわずかに屈曲しながら南北方向に通る、幅約七メートルの道路を軸に展開し、東西方向に一四〇〜一七〇メートル・南北方向に約四八〇メートルのやや不整の長方形に、幅四〜四・五メートル、深さ一・八〜二・五メートルのV字状断面の堀を回らしている。北と南で道路の部分の堀が切れていて出入口を作っており、他に出入口はない。道の両側に多数の方形または長方形の竪穴遺構と少数の掘立柱建物があるが、これらの建物がどのように使われたかは不明である。南入り口から二〇〇メートル程の道路西側に周濠とほぼ同じ規模の堀で囲まれた約二五メートル四方の区画があり、その東南部に橋を架けて入り口にしていたと思われる。その内部はやや高くなっており、堂状の建物と塚状の遺構があって、宗教的施設の可能性が考えられる。

各種の土器・輸入青磁を含む陶磁器・硯《すずり》・石鍋《いしなべ》・漆器椀《わん》・笊《ざる》・櫛《くし》・烏帽子《えぼし》・竹笛・木簡《もっかん》（人名「三

下古舘遺跡遺構分布図
栃木県埋蔵文化財調査報告『自治医科大学周辺地区・昭和62年度埋蔵文化財調査概報』所収の図を基にして作成．方形竪穴遺構は日常的な居住施設としては狭小なので臨時的なものと考えられ，そこからこの遺跡を市庭的なものとみる考えがある．左手の方形の溝で囲まれた空間は宗教的施設と考えられている．

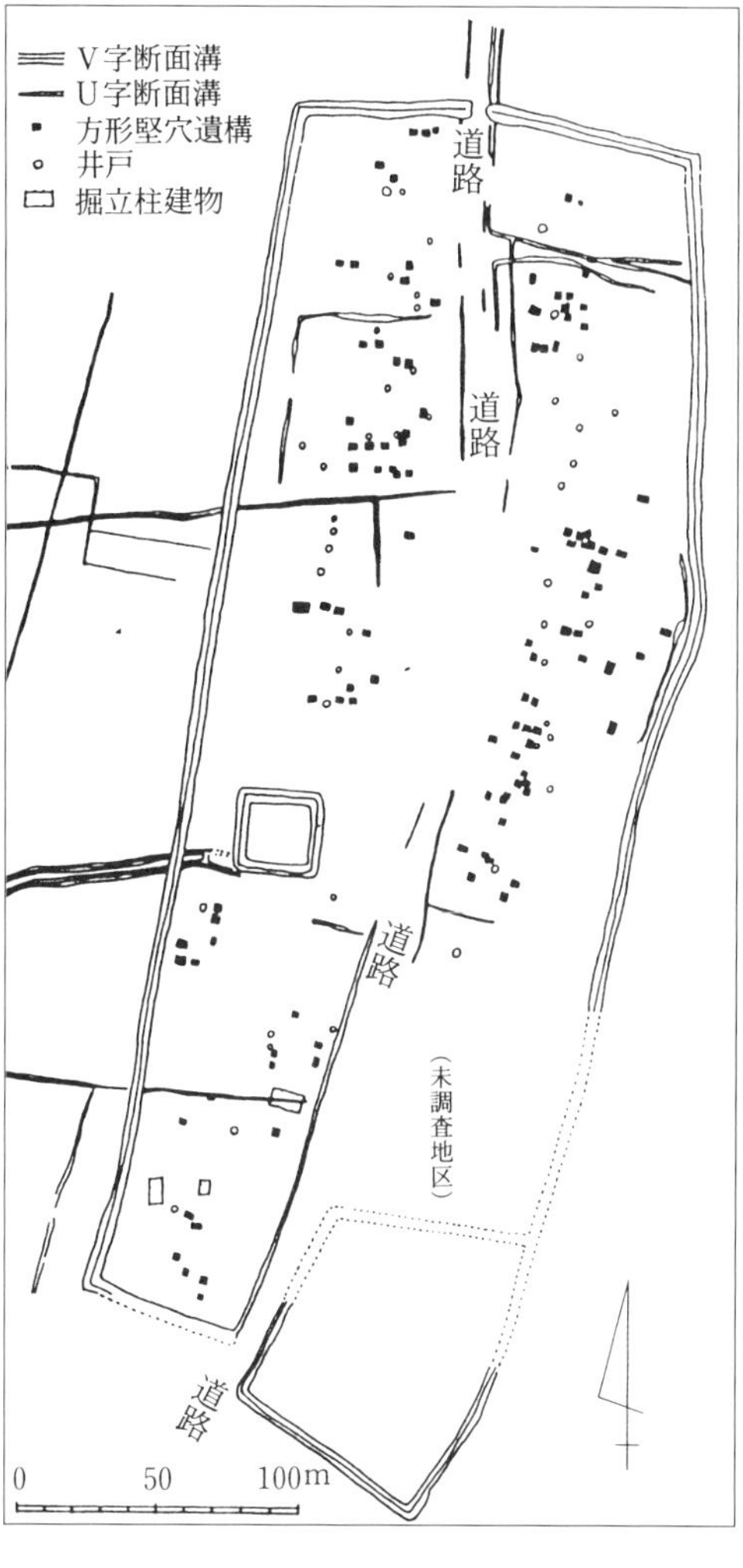

郎へい九郎」)・曲物《まげもの》の底板・青銅製仏像・板碑《いたび》・五輪塔などが見つかっており、当時の生活の一端をうかがうことができる。輸入青磁が出ていることからみて、普通の農村集落ではないことは確実で、遺跡が道路に沿って形成されているところから、交通に依存して成立した集落であることは間違いないであろう。

古代東山道はこの遺跡の西南方の国分寺町北台《きただい》遺跡と東方の諏訪山北《すわやまきた》遺跡で発掘されており、その路線は下古舘遺跡の少し南を西南・東北方向に通っていたことになるが、これらは早く廃絶したとみられるので、『延喜式』駅路は別路をとっていた可能性がある。

下古舘遺跡の中心となる道路は、区画整理以前まで農道として機能していたが、地元では「うし道」と呼ばれていた。おそらく中道にあたるのであろう。下古舘遺跡は果たして宿を形成していたかどうか、市庭《いちば》(市場)集落との解釈もあるが、中世の交通集落遺跡として注目されるものである。

第4章　江戸時代の街道

近世的交通の幕開け

近世的交通の整備は、戦国時代に各地の大名領国内に始まった。国境の要所に城郭を構えて外敵の侵入に備え、また関所を設けて出入りを取り締り、許可のない領民の国外旅行は認めず、商品の輸出入も領内の産業保護と軍需物資を確保するために厳重な統制を加えたが、一方、領内では本城と各支城との間の連絡を密にし、敵の攻撃に際しては直ちに兵力を集中できるように、交通を整備しておく必要があった。また、戦国時代には単に軍事力を強固にするだけでは十分でなく、経済力を蓄えなければならなかったから、そのためにも交通の整備は必要だったのである。そこで、戦国大名は領内にあった以前の関所を撤廃して、道路を改修し、橋を架け、渡し舟を置くなどして交通条件の整備に努め、それまでにあった宿《しゆく》を統制し、伝馬《てんま》を制度化した。

このような軍事体勢を内面作戦というが、陸地が広いために周りが皆敵という状態になりやすい東国の戦国大名は、特に交通条件を整備して内面作戦で領内を固めながら、一方の隣国と同盟関係を作って、他方の隣国に対抗したのである。四周を強敵に囲まれていた甲斐の武田信玄は、当初は駿河の今川氏や相模の北条氏と同盟関係を結んで信濃に進出したが、信濃を制圧した結果、越後の上杉謙信と対決することになる。一方、今川義元が織田信長に敗れると、遠江に出て徳川・織田両軍と戦った。このような内面作戦を遂行するために、信玄は棒道《ぼうみち》と呼ばれる直線的な軍用道路を整備した。

戦国大名の中からおこって、中部・近畿地方に最初の統一政権を樹立した織田信長は、支配地域の拡大に伴って関所を廃止し、街道に並木を植え、近江の瀬田橋を架け替え、天竜川に初めて橋を架けるなどして交通路を整備し、また楽市《らくいち》・楽座《らくざ》を認めて商業の発展をうながした。信長の政権を継承した豊臣秀吉は全国を統一支配することに成功したが、交通に関しては信長の政策を受け継ぎ発展させた。西日本では島津氏討伐に際して毛利氏に山陽道を整備させ、東日本では北条氏を屈伏させた後、小田原から会津《あいづ》までの約一〇〇里の間に、幅三間（約五・四メートル）の道路を建設させ、京都では三条大橋を石の橋脚を用いて架設させている。また、すでに畿内では三六町一里制になっていたが、全国的には不統一で古来の六町一里のほかにも五〇町・六〇町を一里とするところもあったので、秀吉は枡《ます》や貨幣の統一とともに一里を三六町に統一し、一里塚も築かせたという。

五　街道

徳川幕府が成立すると、家康は信長・秀吉の政策を継承・推進したが、参勤交代の制度が確立すると、全国の道路網は江戸を中心に編成され、宿駅制度も充実することとなった。幕府が道中奉行を置いて直接管轄したのは、東海道・中山道《なかせんどう》・日光道中・奥州道中・甲州道中および水戸佐倉道《みとさくらみち》で、これらを総称して五街道ならびに水戸佐倉道と呼び、単に五街道ということもあった。

東海道は江戸—京都間を結ぶ主街道として最も重視され、その間に五三の宿場が置かれ、各宿場には人足一〇〇人と馬一〇〇疋を常備することになっていたが、さらに大坂に至る伏見・淀・枚方《ひらかた》・守口の四宿からなる京街道もその延長的存在であった。中山道も江戸—京都間を結ぶ街道で東海道に次いで重視され、草津で東海道に合するが板橋から守山までの六七宿には各宿五〇人五〇疋の人馬が常備された。

日光道中は江戸から家康を祀った東照宮のある日光に至るもので、その間に千住《せんじゅ》から宇都宮までの一七宿と宇都宮以遠の四宿があった。奥州道中は宇都宮までは日光道中を兼ねることになるが、宇都宮以遠は白河（川）までに一〇宿があった。甲州道中は上高井戸から上諏訪までの四二宿に、後に内藤新宿《ないとうしんじゅく》と下高井戸《しもたかいど》が加わり四四宿となったが、なかにはいくつかの宿を併せて通常の一宿分の負担をする合宿《あいじゅく》が多く、それを一宿と数えると三三宿ということになる。日光・奥州・甲州の三道中は、各宿に二五人・二五疋の人馬を置いた。

このほかに、東海道の宮《みや》（熱田）から桑名《くわな》に至る陸路の佐屋路《さやじ》（四宿）、宮から中山道の垂井《たるい》とを連絡する美濃路《みのじ》（五宿）、浜松から分かれて浜名湖の北側を通って吉田（豊橋）または御油《ごゆ》で東海道に合する本坂通《ほんさかどおり》なども、東海道の支路として道中奉行の管轄下にあった。東海道本道は舞坂—新居《あらい》の間で浜名湖の入り口になる今切《いまぎれ》の渡しがあり、また宮—桑名間も舟路をとるので、これらを嫌って陸路を

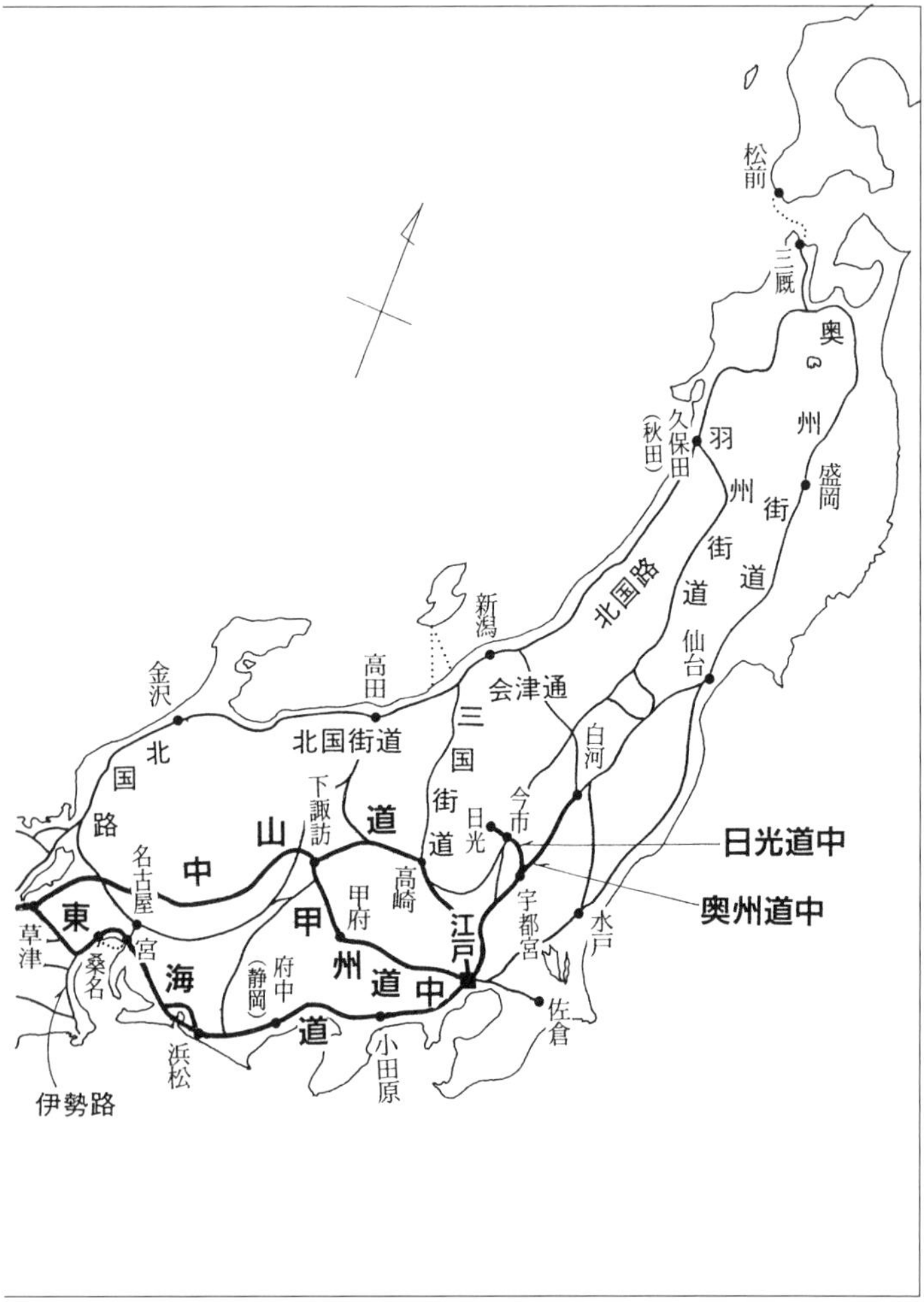
松前
三厩
奥州街道
盛岡
久保田（秋田）
羽州街道
北国路
新潟
仙台
高田
金沢
会津通
三国街道
北国街道
白河
北国路
下諏訪
今市
日光
日光道中
奥州道中
中山道
名古屋
高崎
甲府
甲州道中
宇都宮
江戸
水戸
東海道
草津
桑名
宮
府中（静岡）
佐倉
浜松
小田原
伊勢路

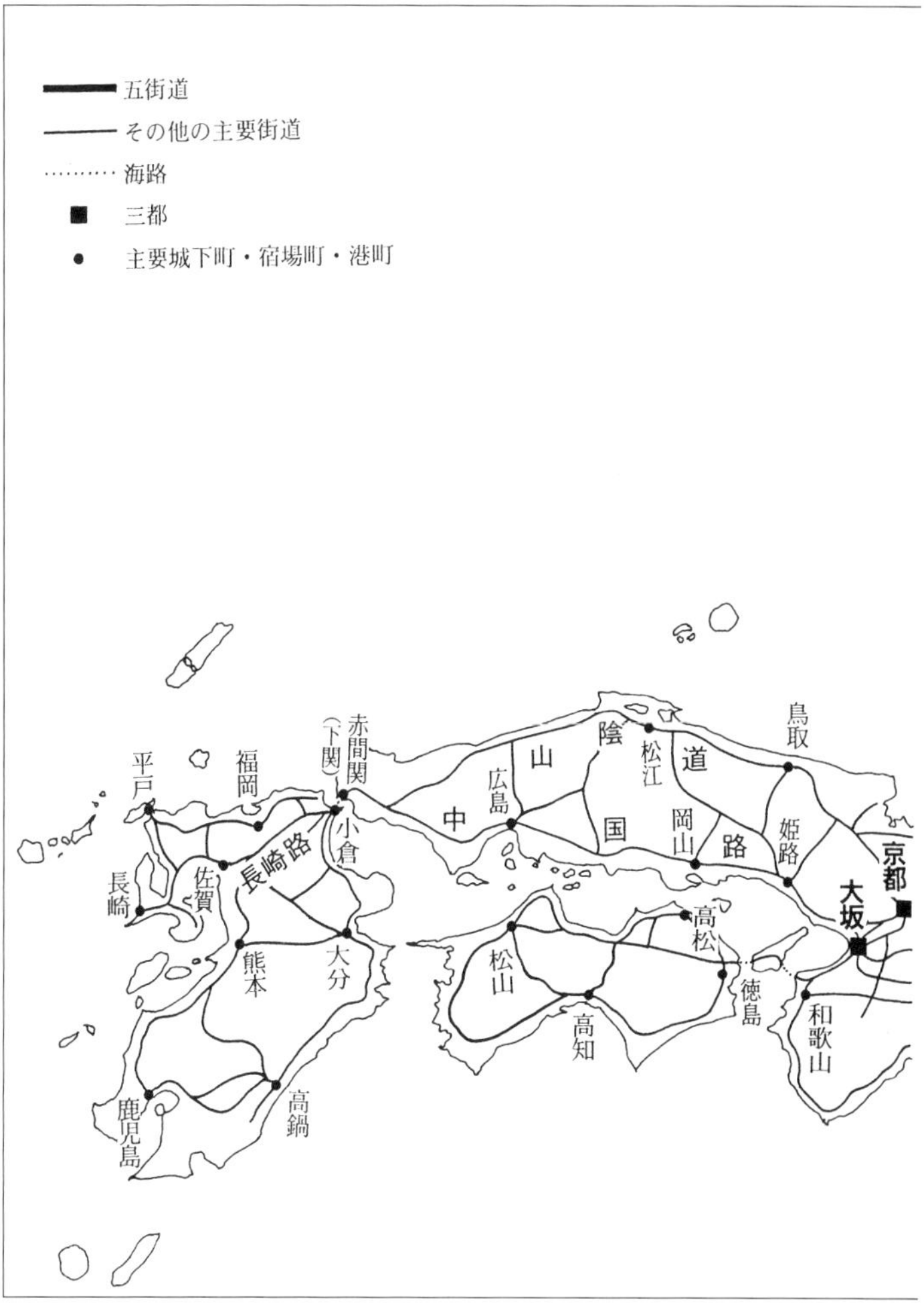
五街道
その他の主要街道
海路
三都
主要城下町・宿場町・港町
平戸
福岡
赤間関(下関)
小倉
長崎路
佐賀
長崎
熊本
大分
鹿児島
高鍋
広島
松江
鳥取
山陰道
中国路
岡山
姫路
京都
大坂
高松
松山
高知
徳島
和歌山

江戸時代の主要街道

とるものも多く、本坂通が姫街道とも呼ばれるのは特に女性の通行が多かったからだという。

日光への道には、小山《おやま》で日光道中から分かれて今市《いまいち》に直行する道路があり、壬生《みぶ》を通るので壬生通（七宿）といい、そのほかに、家康の命日にあたる四月一七日に行なわれた東照宮の例祭に、毎年朝廷から派遣される奉幣使《ほうべいし》が通行する例幣使《れいへいし》街道と、東照宮に参詣する将軍の通行路である日光御成道《おなりどう》などがあって、これらも道中奉行が管轄した。例幣使街道（一三宿）は中山道の倉賀野《くらがの》（高崎市）から分かれて、太田・足利・栃木などを通って楡木《にれぎ》（鹿沼市）で壬生通に合し、日光御成道（六宿）は江戸の本郷追分で中山道に分岐し幸手《さって》で日光道中に合するものである。

道中奉行の管轄下にあったものに、最初に挙げた水戸佐倉道があるが、これは一連のものではなく水戸路と佐倉路とに分かれる。前者は千住から松戸を経て水戸に至るもので、後者は新宿《にいじゅく》（東京都葛飾区）で前者と分岐して八幡を経て佐倉に至るが、道中奉行の支配を受けたのは新宿・松戸・八幡の三宿だけであった。

脇往還

道中奉行の支配下にある街道以外を脇往還《わきおうかん》・脇街道などといい、これは勘定奉行の支配下にあった。脇街道のうちで特に重要度の高いものは、伊勢《いせ》路・中国路・佐渡路などで、そのほかに長崎路・北国《ほっこく》路《じ》・伊賀越《いがごえ》道中・奥州街道（松前道）・羽州街道などがある。

伊勢路は、東海道の四日市の追分で分かれ、神戸《かんべ》（鈴鹿市）から山田（伊勢市）までの七宿を経て伊勢神宮に達するものである。伊勢神宮の参詣者で東海道本道よりも通行量が多かったという。

中国路は山陽道ともいい、大坂から中国地方を通って赤間関《あかまが》（下関市）に至り、関門海峡を渡って大里《だいり》（北九州市門司《もじ》区）から小倉に達するもので、尼崎《あまがさき》から大里まで五〇宿あった。また、京都から淀川右岸の古来の山陽道の道筋を通って、大坂に寄ることなく西宮で中国路に会する山崎通もよく利用され、西国海道の俗称で知られる。

佐渡路は一本の道ではなく、江戸から佐渡に至る三道があった。その一は奥州道中の白河から会津《あいづ》を通って越後の寺泊《てらどまり》に出る会津通（三〇宿）、その二は中山道の高崎で分かれて三国峠《みくに》を越えて越後の出雲崎《いずもざき》に出る三国街道（二五宿）、その三は中山道の追分で分かれて高田から日本海岸を北上する北国街道《ほっこく》（二八宿）である。佐渡は金の産地であったから幕府の直轄地として佐渡奉行を置いたが、佐渡路は金の輸送路として重視され、幕府の役人や金山で働く人足などの通行も多かった。寺泊と出雲崎からは隔年に佐渡への渡海船を出していた。

長崎路は小倉―長崎間をつなぐが、長崎は鎖国中の日本で唯一つの南蛮貿易の開港地であり中国貿易も盛んであったから、幕府は長崎奉行を置いて直轄したので幕府の役人の通行もあり、また幕末には蘭学を学ぶために長崎に行く者も多かった。その経路は、小倉を起点に洞海《どうかい》湾岸の黒崎から現在のJR筑豊《ちくほう》線にほぼ沿って原田《はるだ》（筑紫野《ちくしの》市）に出て、この間に筑前六宿があった。肥前では当初有明海沿いに現在のJR長崎本線とほぼ同じ路線を諫早《いさはや》に出て長崎に入ったが、後に辺田《へだ》（佐賀県有明町〈現白石町〉）・塩田から嬉野《うれしの》を通って大村湾岸に出るルートに変更され、さらに辺田・塩田の代わりに武雄《たけお》を通る経路に変わったが、三道が併用されるという特異な状況を示す時期もあった。

北国路は中山道の関ケ原から分かれて加賀の立花《たちばな》（加賀市）に至る道をいうが、またさらに延長して日本海岸を北上して新潟を経て、津軽半島の先端に位置して蝦夷《えぞ》地（北海道）への渡海場である三厩《みんまや》に至る道も含むことがある。高田から出雲崎までは先に述べた佐渡路の第三経路の北国街道と重なることになる。

伊賀越道中は荒木又右衛門の敵討《かたきうち》で知られるが、東海道の関から伊賀を通って奈良に出る街道で、ほぼ現在のＪＲ関西本線に沿っている。伊勢参宮の後、奈良・大坂を廻る旅人などが多く利用した。

奥州街道は奥州道中の白川から延長して郡山《こおりやま》・仙台・盛岡を経て青森湊に至る街道であるが、さらに延長して三厩までを含める場合もある。松前道ともいう、東北地方の幹線道路であった。

羽州街道は松前道の桑折《こおり》から分かれて出羽国上山《かみのやま》に入り、山形・新庄《しんじょう》・横手などを経て、久保田（秋田）・弘前《ひろさき》から青森湊に達する街道で、秋田道ともいわれた。その間五八宿といわれているが、これは、正式な宿場ではないが、休憩などに利用されているうちに、しだいに宿泊などもさせるようになった、間《あい》の宿《しゅく》を加えた数である。この久保田以遠は前に述べた北国路にも含まれる。

脇往還は五街道と違って通過地の藩の関与や規制が比較的強いので、同一街道でも藩によって賃銭が異なることがあり、また間の宿的な宿駅も多くて休泊施設なども不備な所も多かった。

ところで、以上に述べた脇往還の街道名は一般的な名称ではあるが必ずしも一定したものではなく、同一街道が反対方向では別の名前で呼ばれることもあった。例えば、九州を南北に縦断する道路は、肥後地方では城下の熊本以南は薩摩街道と呼ばれ、以北は小倉《こくら》街道と呼ばれた。これは、肥後人が自分の所を中心に考えたことからくるものである。

先に述べた北国路と北国街道も明確に区別されたものではなく、同じ言い方をすることも多いので、高田では善光寺（長野）の方へ行く道も、金沢の方へ行く道も、新潟の方へ行く道も、すべて北国街道または北国路になるわけである。したがって、高田ではそれぞれを加賀道・善光寺道などと別の名称で呼んでいた。

外国人に誉められた近世の街道

江戸時代の街道は、徒歩の交通を前提にしたものであったから、道幅は二間（約三・六メートル）から三、四間ほどで、左右に並木の敷地として九尺（約二・七メートル）ほどをとっていた。路面はならして砂や砂利を敷いて踏み固める程度であった。

しかし、道路の整備には幕府や諸藩も力を注ぎ、例えば加賀藩では寛文二年（一六六二）に、北国街道などの主要街道の一里（約四キロ）ごとに二人組の「道番《みちばん》」を置いて、これらに五〇歩（約一六五平方メートル）の屋敷と給銀を与えて、道路の整備と保全にあたらせたので、現在も道番の地名が残っている所がある。

並木は前に述べたように、古代は駅路に沿って果樹を植えたが、駅伝制の衰退によって失われてしまった。戦国時代末期になって復活し、織田信長や上杉謙信が並木を植えさせている。江戸幕府は慶長九年（一六〇四）に、徳川秀忠が諸街道の改修に際して一里塚とともに並木を植えさせ、その保護政策は幕末まで続いた。加賀藩では前田利長《としなが》がすでに慶長六年（一六〇一）に国内の街道に松並木を植えさせ、加藤清正も肥後の大津街道に杉並木を植えて厳重に保護を加えた。

並木は松・杉のほかに多くの樹種があるが、必ずしも完全に実行されたわけではなく、東海道でも並木のない所も多かった。並木は夏は日陰を作り、冬は積雪を防ぐということで、旅人にとっては有難いものであったが、北陸地方などでは並木は積雪時に道筋を明確に示すので特に重視された。

このような街道の整備は、長崎から江戸に上る外国人たちにはいたって好評だった。オランダ商館の医師であったケンペルは元禄四年（一六九一）の『江戸参府紀行《さんぷ》』で、「沿道は総て清潔、且つ平均、地上に新しき砂を敷きたるものにして、これを要するに望み得る限りの良路なりき」と誉めている。安永五年（一七七六）のツュンベリー（ツンベルグ）の『江戸参府随行記』は「道路は一年中良好な状態であり、広く、かつ排水用の溝を備えている。そしてオランダ人の参府の旅と同様、毎年、藩主たちが参府の旅を行なわざるを得ないこの時期は、とくに良好な状態に保たれている。道に砂がまかれるだけでなく、旅人の到着前には箒で掃いて、すべての汚物や馬糞を念入りに取り払い、そして埃に悩まされる暑い時期には、水を撒き散らす。（中略）日本では、道をだいないしにする車輪の乗り物がないので、道路は大変に良好な状態で、より長期間保たれる。」と述べている。幕末に初代駐日イギリス公使として来日したオールコックも「国内を走る大君《たいくん》の道である東海道という公道は、ヨーロッパの最も立派な道と比較することができよう。日本の道は、幅が広く平坦で、よく整備され、十分に砕石を敷き固め、両側の堂々たる樹木は焼きつくすような日射しから日陰を与えており、その価値をいかに評価しても評価しすぎることはほとんどない。」と大変称賛している。

たしかに、歩行用の道としてはよく整備されていたといえようが、文政九年（一八二六）に江戸へ上ったシーボルトの『江戸参府紀行』に「これらの道路はただ歩行者や牛馬のためで、従ってわが国〔ドイツ〕においてのように荷車や郵便馬車には役立たないに違いない」と述べているように、車を通さないことを前提にしている道路が、果たして良い道路といえるだろうか。このように、車を使用しない交通体系であったことが、後で述べるように日本の近代化には大きな妨げになった。

江戸時代には、都市内部では人が曳く大八車《だいはちぐるま》も用いられたが、普通、街道に車を通すことはしない。唯一の例外として大津―京都間、京都―伏見間に牛車が用いられた。これは、琵琶湖水運の終点として大津が米の集散地となっており、その米は京都、さらに伏見に運ぶために特別に車が用いられたのである。伏見からは淀川の水運が大坂まで通じていた。これらの路線は、車の通行によって道路の破損が激しいので、まず京都東郊の日岡《ひのおか》峠に石を敷いて舗装をしたのがはじまりで、その後、日岡峠から大津まで延長された。車の通る部分を溝状に窪めた花崗岩の車石《くるまいし》を二列に敷き、車を牽く牛の通る中間の部分には砂利を敷きならしたものである。

一 里 塚

街道の一定の距離ごとに標識を立てることは、統一国家では交通の円滑化を計るために行なわれるが、古代ローマ道では一マイル（一四八四メートル）ごとに、一〇〇〇歩（一歩は左右一歩ずつの復歩）を意味する、ミリアリウム（マイルストーン）と称する石の円柱を立てた。アジアでは中国で魏《ぎ》の文帝（二二〇〜二二七）が大道の傍らに一里ごとに五尺の銅標を置いたことに始まるというが、古代日本にはその形跡はない。

近世の一里塚（一里山ともいう）は、前にも触れたように豊臣秀吉が三六町を一里として塚を築かせたとされるが、徳川家康の代に江戸日本橋を起点にして完成したということになる。一里塚の一般的な形状は街道の両側に五間（九メートル）四方の塚を築いて、その上に榎、地方によっては松・杉・欅《けやき》・さいかち・檜《ひのき》などを植えたもので、現在もその名残が各地に残っている。三六町一里は三九二七メートルになるが一里塚の位置は必ずしも正確ではなく、『日本交通史』（児玉幸多編）によれば街道筋の寺社朱印地やエタ・非人の居住地は距離に算入せず、山坂や難所は長距離として里数を出したので、実際よりは長短のことがあったという。慶安四年（一六五一）作成の『下野一国』という史料（これには一里山としている）には街道沿いの詳細な距離が記されているが、日光道中筋の一里山の間を計算すると、三六町きっかりのところもあり、三二町三〇間という足りないところもあるが、概して三六町より長いところが多く、最大では四一町二六間と一五パーセントもの誤差がある。この場合、距離が足りないところも平坦地で山坂や難所とは思えないので、おおよその距離で一里山設置に適当な場所を求めたのではなかろうか。

五街道では日本橋を一里塚設置の起点にしたが、地方道では各藩がそれぞれ城下に起点を設けることが多かった。肥後では熊本城下の新一丁目札の辻を起点に各街道に一里木・二里木・三里木と里数木を植え、参勤交代に使われた豊後《ぶんご》街道では肥後国内に十五里木までがあった。ただし、最初の一里木だけは四〇町のところに設けられたという。

幕府が各藩に命じて作成させた正保以来の国絵図には、朱線で引かれた街道の両側に丸い黒点を打って一里塚を示しているが、このなかには実際にはなくても単に距離を示すために描かれたものもある。

なお、加賀藩は街道の並木には特に力を入れ、松を植えたが、町松（丁松）というものがあり、一町（一〇八メートル）ごとに目印になるような特に大きな松を植えたという。また、寺社の参道などには一町ごとに町石を立てることがある。

橋と渡し場

幕府は街道の整備に力を注いだが、大河には橋を架けなかったので、多くの渡し場が生じた。東海道では酒匂《さかわ》川・興津《おきつ》川・安倍《あべ》川・大井川は徒渡《かちわた》り、渡し船は六郷《ろくごう》（多摩）川・馬入《ばにゅう》（相模）川・富士川・天竜川に、また浜名湖口の今切《いまぎれ》と宮―桑名間の七里に海上渡しがあった。中山道も千曲《ちくま》川・碓氷《うすい》川は徒渡りで、荒川・柳瀬（烏）川・太田（木曾）川・河渡《ごうど》（長良）川・野洲《やす》川が船渡《ふなわた》しであった。奥州道中では房（利根）川・鬼怒《きぬ》川に、甲州道中でも多摩川・早川に渡し船を置いた。

これらの諸川は、必ずしも架橋ができないことはなく、例えば天竜川にはすでに織田信長が橋を架けており、また多摩川の六郷の渡しにも慶長五年（一六〇〇）に橋が架けられていたが、貞享五年（一六八八）に橋が崩壊してからは架橋しなかったのである。元禄三年（一六九〇）に刊行された遠近《おちこち》道印《どういん》作・菱川師宣《ひしかわもろのぶ》画の『東海道分間《ぶんけん》絵図』には橋が描かれているので、原図は貞享五年以前の状況を描いたことが確実である。

なぜ橋を架けなかったのかということについては諸説があるが、私は江戸防衛の意味があったと考えている。いずれにしても、交通を阻害することは甚だしいものがあった。特に、大井川の渡しが有名で、旅行者は川の両岸にある島田・金谷《かなや》両宿の川庄屋が差配する川会所《かわかいしょ》で賃銭を払って油紙の割符《わりふ》をえて、これを川越人足《かわごえにんそく》に渡して肩車などで川を渡してもらうのである。旅行者が直接に人足と交渉して渡してもらったり、別の場所で渡ることは禁じられていた。

江戸時代には架橋の技術もかなり進んで、通常は橋脚を立ててこれに橋桁《はしげた》を架ける桁橋《けたばし》が多く用いられ、橋脚や橋桁には初めは木材を用いたが、石桁や石柱も使用されるようになった。江戸の日本橋・両国橋、京都の三条大橋などが代表的である。

甲州道中の桂川に架かる甲斐の猿橋

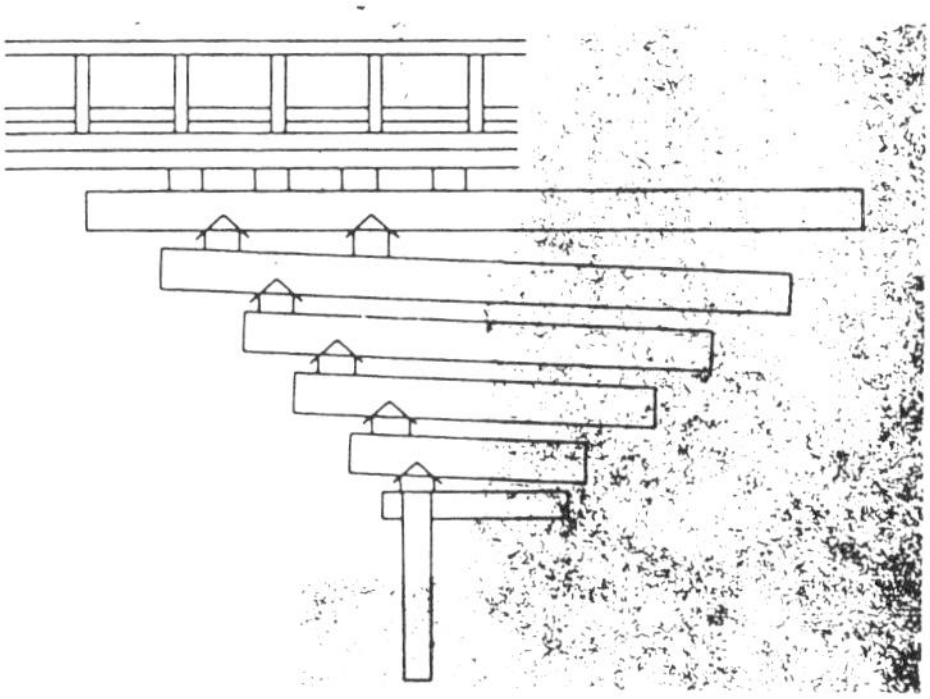

猿橋の構造（小山田了三『橋』より）
上方が次々に長くなっていく肱木によって橋の本体が支えられる．

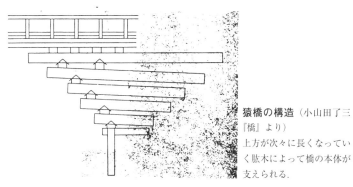

橋脚を立てることができない急流や峡谷では、肱木《ひじき》を重ねてゆく肱木橋（跳橋《はねばし》ともいう）が架けられた。越中黒部川に架けられた長さ三三間（約六〇メートル）の愛本橋《あいもとばし》が代表的であるが、甲斐の猿橋も有名である。

石拱橋《せっきょうきょう》は石のアーチのいわゆる眼鏡橋《めがねばし》で、中国系技術の伝播によるものと考えられ、琉球では戦国時代に首里《しゅり》—那覇間の街道筋に架けられたが、近世架橋のものは長崎の眼鏡橋をはじめとして肥前・肥後・薩摩など九州各地に多くみられる。

木拱橋《ちつきょうきょう》は周防《すおう》岩国の錦帯橋《きんたいばし》が最も代表的で、川中に四基の石台を置いてアーチ形の五橋を架けるもので、全長一二五間（約二二五メートル）におよび、優美さで知られる。他に、松山藩の立花橋《たちばなばし》がある。

船橋《ふなはし》は浮橋《うきはし》とも呼ばれて古代から利用されたが、江戸時代には将軍の上洛や日光東照宮参詣などの際に、しばしば臨時に架設された。常設のものでは越中富山の神通川《じんづう》に架けられた舟橋が有名で、六四艘の舟を鎖でつないで舟の上に板を並べたものである。

籠渡《かごわた》しは山中の峡谷などに架設された一種のロープウェイで、両岸に渡した綱に籠を吊り、その中に人って綱を引いて渡るもので、越中五箇山《ごかやま》や飛騨白川郷などで用いられ、神通川左岸の飛騨街道が越中・飛騨国境の宮川を渡る籠の渡しは、街道筋に架けられたものとして知られた。

藤橋《ふじはし》（蔓橋《かづらばし》）は藤蔓で作った吊橋で、甲斐・美濃・飛騨・信濃・阿波などの山中に架けられたが、現在も徳島県三好郡（現三好市）西祖谷山村《にしいややまむら》の善徳《ぜんとく》と今久保の両集落を結ぶ五六メートルの蔓橋が重要民俗資料として残されている。

関所と番所

中世末期には通行税をとることを目的とした関所が乱立したが、織田信長から豊臣秀吉によってほぼ撤廃された。徳川幕府も全国的な交通網の整備に伴って、『武家諸法度《ぶけしょはっと》』によって「私之関所」を禁じ、幕府が主要街道とその宿の人馬使用の優先権をもつこと、街道通行の人と物資の検問所である関所の設置も幕府の独占事項であることを示している。幕府による関所の設置は、江戸を中心とする関東での反乱を予防するためであったから、全国に五四カ所設置された関所のうち三三カ所が関東地方にあり、隣接する甲斐・信濃・越後の三国に一五カ所があった。関東地方でも常陸や下野にはなく、全体として西国に対するものであったことがわかる。特に最大の外様《とざま》大名である加賀藩に対しては、その前後を押さえるように越後と近江に関所を置いている。

関所のなかでも特に重視されたのが、東海道の箱根・今切、中山道の碓氷《うすい》・木曾福島と、これらの脇道や裏道に置かれた関所で、また甲州道中の小仏《こぼとけ》と利根川水運の要所関宿《せきやど》も重視された。

これらの関所では通行者を検問するが、いわゆる「入鉄砲に出女」を重視した。入鉄砲は幕府老中の発行する手形《てがた》（証明書）を必要としたが、逆の場合は自由であった。出女は例えば江戸の女性の場合、その主人・名主《なぬし》・年寄《としより》・町奉行・幕府留守居という経路をたどって女手形を入手する必要があり、西国方面から関東に向かう場合も京都所司代から女手形を入手しなければならなかった。女手形には通行人数、乗り物の有無とその数、出発地と目的地などのほか、既婚・未婚・寡婦・尼などの区別を明記しなければならなかった。天和元年（一六八一）に讃岐から江戸に向かった未婚の女性が、持っていた手形に「女」とあったため今切関所で通行を止められ、使いを大坂まで出して手形を書き改めてもらわなければならなかったという話がある。この場合、「女」は既婚者を意味し、未婚者は「小女」でなければならなかったのである。このように、女の旅行は出女に限らず困難が多かった。

これに対して、男は比較的簡単で主人から町役人・村役人に届けて、旅行証明書となる往来手形を持参すれば、原則として関所も通行できた。江戸時代後期には、旅籠屋《はたごや》などで手形を買い求めることもできるようになり、はじめから無手形で旅に出る者も多くなった。女性の場合はそのような便法はなかったが、無手形のまま関所を避けて迂回路をとることはしばしばあった。北九州の商家の妻女たちが数名で伊勢参宮を済ませた後、さらに善光寺へ足を延ばすことにしたが、木曽福島の関所を避けて妻籠《つまご》から山中に入る抜道をとっている。彼女たちはさらに日光にも廻っているが、途中の碓氷関所も迂回し、帰路の東海道でも箱根・新居の両関所を避けて通っている。

これらの関所のほかに、幕領や各藩でも領民の出入りや物資の流通統制のために番所を設置していた。これらを口留め番所という。例えば、幕領の甲斐国では戦国時代に武田氏が設定した二五カ所の関所を藩領や幕領になってからも番所として残し、飛騨国でも三一カ所の番所があって、寛政二年

（一七九〇）に整理した後も一七カ所を残している。これらの番所も実質的には関所と異ならないので、地元では関所と呼ばれることも多かった。前に記したように、『武家諸法度』で勝手に関所を置くことが禁じられていたにもかかわらず、加賀藩が藩領東端の越中・越後国境近くに設置した「境関所」は、幕府が設置した越後国市振《いちぶり》関所に対抗して、あえて「関所」と称して規模も設備も幕府のそれを上回るものであった。

このような関所と番所の区別の曖昧さといい、前に述べた関所の抜道といい、どうも江戸時代の諸制度は建前と実際とは大きくかけ離れていたようである。

第5章　諸街道の宿場

宿場の設置

江戸時代には街道ごとに宿場が設置され、旅行に不自由を感じることはなかった。しかし、幕府関係の公用旅行者が優先されていて、人夫や馬も公用旅行者のために用意されたものであった。

近世の交通制度は、関ケ原の戦が終わってすぐの慶長六年（一六〇一）に東海道の伝馬制を実施して、各宿場ごとに三六疋の伝馬（後に馬一〇〇疋と人足一〇〇人）を置くことを定めたのに始まり、翌年以降中山道など他の街道にも及ぼした。東海道も五十三次の宿場が一斉に置かれたのではなく、慶長七年に大津、同九年に戸塚、元和二年（一六一六）に袋井と石薬師《いしやくし》、同四年に箱根、同九年に川崎、寛永元年（一六二四）に庄野《しょうの》を最後に、各宿場が設けられて完成した。

宿場は一般に前からあった集落を利用したので、宿場間の距離はまちまちで、東海道では平均すれば二里一二丁（約九・一キロ）になるが、海上七里の宮（熱田）—桑名間は別として、いちばん遠いのは小田原—箱根間の四里八丁（約一六・六キロ）で、反対に最も短いのは御油《ごゆ》—赤坂間のわずか一六丁（約一・七キロ）であった。箱根には元は宿場がなかったが、小田原—三島間の箱根八里（約三一キロ）

といわれた山越えは大変不便だったので、元和《げんな》四年（一六一八）に小田原と三島から五〇戸ずつを移転させて宿場を新設したもので、宿内は小田原藩領の小田原町と幕領の三島町とからなっていた。御油・赤坂はもともと一つの宿だったのである。

前からあった集落ということでは、東海道では小田原・沼津・府中（静岡）・掛川・浜松・吉田（豊橋）・岡崎・桑名・亀山・水口《みなくち》などは城下町で、品川・神奈川・沼津・江尻（清水）・新居（今切）・宮・桑名・四日市・大津などは港町として、もともと水陸交通の要地であった。しかし、箱根のようにまったく道路上の交通集落として形成された所もあり、坂下《さかのした》は文字通りに鈴鹿峠の東坂下にあって峠越えのために置かれた宿場といってよい。島田と金谷《かなや》は一里（約四キロ）しか離れていないが、大井川の川越のために両岸に宿場が必要であった。川越は明け六つ（午前六時）から暮れ六つ（午後六時）までの間で、増水すれば川留になるので、京へ上る客は島田で、江戸へ下る客は金谷で待機するのが常であったから両宿ともに繁栄した。箱根を越える小田原と三島、七里の渡しを控える宮と桑名など、難所や渡し場の両側の宿場は宿泊者が多く、概して繁盛した。

宿場は必ずしも行政的には統一されていない。城下町では、伝馬役を負担する一部の町が宿場になり、また数カ村が一つの宿場を構成することもあった。藤枝宿は田中城の城下町的性格もあるが、二郡にわたる八カ村のそれぞれ一部が集まって宿場を構成していた。

宿駅の第一の任務は、公用通行の客や貨物に対して人馬を提供して輸送することで、これを伝馬役といい、馬役と歩行役《かちやく》（人足役）とがあった。そのために東海道では一〇〇人・一〇〇疋、中山道では五〇人・五〇疋、日光・奥州・甲州の三道中と岩槻・例幣使《れいへいし》・水戸佐倉・壬生の諸道は、いずれも二五人・二五疋の人馬を常備することになっていた。原則として次の宿までの一宿ごとの継ぎ送りであるが、常備人馬の少ない所では、二つの宿の人馬を合わせてその次の宿まで送ることを認めたり、宿間の距離が遠くて人馬の疲労が激しい場合は、宿間の「間の宿《あいのしゅく》」などに人馬を負担させることもあり、これを加宿《かしゅく》といった。

公用の旅行者に対する多数の人足や馬は宿場だけで出すことはできないから、周辺の村々がこれを負担することになっていた。これを業務付けられた村を助郷《すけごう》という。特に交通量の多い東海道や中山道などでは、かなり遠い村まで助郷に含まれていたから、これらの村人は早朝から夜遅くまで手弁当で使役されたのである。江戸時代の交通制度の負担は、街道筋だけでなく周辺地域まで大きく巻き込んでいた。

五街道のなかで最後に置かれた宿場は、元禄一一年（一六九八）に新置された甲州道中の内藤新宿である。日本橋から最初の高井戸宿まで四里以上の道程があり、遠すぎて不便であるというので、江戸浅草阿部川《あべかわ》町の名主喜兵衛《きへえ》らが願い出て許可を受け、萱《かや》などの茂る野原だった所に新しい宿を開いた。そこが信濃国高遠《たかとお》城主の内藤氏の屋敷地だったので内藤新宿と名づけた。今の東京新宿である。

なお、高井戸は一一町（一・二キロ）離れた上・下高井戸両宿が、月の前半は下高井戸、後半は上高井戸で継立《つぎたて》業務を行なう合宿《あいじゅく》で、次の宿である国領《こくりょう》・下布田・上布田・下石原・上石原の各集落は二〇町（二・二キロ）程の間にあるが、布田《ふだ》五宿または調布《ちょうふ》五宿といって各月のうち六日ずつを分担していた。また、小仏《こぼとけ》峠を越えた所にある小原《おばら》と与瀬《よせ》の両宿は一七町（約一・九キロ）離れているが、小原は甲府方面への「上り」ばかりを与瀬宿を越えて一里一七町半（五・八キロ）の吉野宿に引継ぎ、江戸方面への「下り」は与瀬が小原宿を越えて小仏宿までの二里五町（八・四キロ）を引継いでいた。

宿場の施設

宿場の主要業務である人馬の継立を行なう所が問屋場《といやば》で、宿役人の長である問屋が責任者で年寄《としより》（助役）・帳付《ちょうづけ》（書記）が詰めて業務を行なっていた。その他、馬指《うまさし》と人馬指《じんばさし》という、人馬に荷物を振り分ける仕事をする者もいた。問屋は宿によっては二人また三人いる所もあり、それぞれの問屋場があった。問屋場は宿場の中央部に置かれることが多いが、中山道倉賀野《くらがの》宿などは上町・中町・下町に分かれていて、それぞれに問屋場があり、月の上旬は中町、中旬は上町、下旬は下町が担当した。

また、ほぼ宿の中央や辻などに高札場《こうさつば》があり、禁令や法令などを掲示したので、今も「札の辻」の地名を残す所があるが、高札場は宿場間の距離を測る際の基準点となっていた。大名や公家、幕臣などが宿泊する本陣《ほんじん》や脇本陣《わきほんじん》なども宿の中央付近に位置し、中央部から外側にかけて旅籠屋《はたごや》や商店などがあり、木賃宿《きちんやど》や茶屋は宿の外れに近い場所に多かった。

宿泊施設としては、本陣と脇本陣、旅籠屋・木賃宿などがあった。

本陣は本来は戦争の際の陣地における武将の本営のことであるが、平時でも武将の宿泊所をいうようになったものである。将軍が鷹狩りに出たり、京都に上る時の宿泊施設は特別に設けて御殿《ごてん》といったが、静岡県御殿場の地名はこれに由来する。大名が領内を廻るときも同様に専用の宿泊施設を設けることがあり、加賀藩ではこれを御旅屋《おたや》と称している。

しかし、参勤交代など他領を旅行する時には専用の宿泊施設を造るわけにはいかないから、宿内の裕福で家屋が広く使用人も多い家を宿所にあてて、それを定宿のようにした。これを大名宿《だいみようやど》と呼んでいたのが後に本陣というようになった。本陣を務める者は、宿役人の問屋とか村役人の名主などを兼ねている者が多かった。本陣の家屋は壮大で二〇〇坪（六六〇平方メートル）前後のものが多く、東海道の鳴海宿の六七六坪（二二三〇平方メートル）を最大に、一〇〇坪以下のものはない。本陣の補助的役割をするのが脇本陣で、本陣と脇本陣は普通の民家や旅籠には認められない特権として、門・玄関・書院などを設けていた。

東海道ではたいていの宿場に、本陣は二〜三軒、脇本陣が一〜二軒はあった。本陣が最も多いのが箱根と浜松の六軒で、そのほかに小田原には二軒、箱根には一軒の脇本陣があった。本陣に大名が泊まれば、その家臣や従者は宿内の旅籠に分宿し、時には寺や民家まで使うことがあった。参勤交代の際には他の大名と同宿にならないように、何カ月も前から旅程をたてて各宿の本陣に契約しておく必要があった。大名が本陣に泊まれば、門前に大名の名を書いた「関札《せきふだ》」を掲示し、門には定紋入りの

安藤広重「東海道五十三次」保永堂版のうち「関」（東京国立博物館蔵）

幕を引き回して、誰が宿泊しているか明瞭であった。広重の「東海道五十三次」（保永堂版）の関宿の図に、その状況が示されている。右側に竹にはさんで高く立てられているのが「関札」である。

本陣の宿泊料は決まったものではなく、宿泊する大名から「下され物」（「下され金」ともいう）という形で適当な金額を与える形式になっている。しかし、大名家の財政が厳しくなった江戸時代後期には下され金も少なくなった。本陣は宿泊だけでなく、昼食などの休憩にも利用されるが、後には経費節約のために本陣を使用せず茶屋などを利用するようになった。本陣に大名が休泊する回数は多いことではないから、経営難になる本陣も多くなったので、文政七年（一八二四）には道中奉行の上申によって、老中は諸大名に対して茶屋や間《あい》の宿《しゅく》などで休泊することを禁止している。

一般の宿屋を旅籠屋《はたご》、たんに旅籠ともいうが、旅籠とはもとは馬の飼料を入れる籠のことをいった。それが旅行用の食物を入れる器《うつわ》の意味に転じ、さらに食事を出す宿のことをいうようになったものである。これに対して、木賃宿《きちんやど》もたんに木賃ともいうが、その木賃は燃料代という意味で、食料を持参して自炊のための燃料代を払うことから始まったもので、古くからの旅の形態を残しているといってよい。古代の一般の旅人は食料を携行して、途中で燃料を得た所で炊いて食べることにしたものであった。しかし、江戸時代の木賃は宿で米を買って炊いてもらっていた。文化二年(一八〇五)に中山道から北国街道を旅行した旅人の記録によれば、旅籠は一二〇〜一五〇文、木賃は五〇〜六〇文(この他に米代)であったから、木賃は旅籠にくらべてかなり安かったことがわかる。旅籠屋と木賃宿とは明確に分かれていたものではなく、旅籠屋でも木賃泊りをさせることがあった。というのは、幕府の役人の出張規定では木銭(木賃)と馬の飼葉料を出すようになっていたからである。もっとも、彼らが実際に木賃泊りをしていたかどうかは疑問で、その不足分は旅籠屋の負担になっていたらしい。そこで、幕府の役人の御用宿になった旅籠屋に対しては、宿場として補助金を出して補っていた。

茶屋は旅人が休息して茶や菓子を食べたり昼食をとったりする所で、宿泊はさせなかった。一方、旅籠屋は原則として昼食を出さなかった。やや遠い宿間には間の宿や、人足の休憩場所になる立場《たてば》などがあり、こういう場所にも茶屋ができた。宿や立場で特有の名物がある所などでは茶屋も繁盛した。東海道では、小田原の外郎《ういろう》、安倍川の安倍川餅、丸子《まりこ》(中世の麻利子)宿のとろろ汁、宇津谷《うつのや》(宇都谷）峠の十団子、小夜の中山の飴の餅、日坂《にっさか》宿の蕨餅、桑名宿の焼蛤《やきはまぐり》、水口《みなくち》宿の泥鰌汁《どじょうじる》などが有名であった。茶屋といっても大名が休息に利用したりする大規模なものもあって、これを茶屋本陣といった。

間の宿などで時に旅人を泊めたりすることがあったが、これらは本宿の業務を妨げることになるから、道中奉行はこれを禁止している。箱根の畑宿は戸数四〇軒ほどもあって、その名からもわかるように中世以来の宿であった。箱根宿が置かれてからは宿としての機能を失ったが、東海道中最も距離の長い小田原―箱根間の間の宿として継立を行ない、茶屋も繁盛し挽物《ひきもの》や指物《さしもの》の木工品が名物となって売られていた。

宿場の風景

城下町・門前町・港町などを兼ねている宿場は別として、宿場だけの機能から成り立っている宿場町は、計画的な要素をもって街道に沿った細長い街村を作り、町の両入り口には街道がL字形に直角に曲る石垣で作られた見付《みつけ》があり、町中の街道の中央または両側に用水を引いていることが多い。また、町並みの背後にも用水路を引いて町を区画していることもある。

街道に沿った屋敷は間口が狭く奥行が長い敷地をとって立ち並んでいた。旅籠屋は二階建てのものが多く、建坪五〇坪（一六五平方メートル）もあれば中以上であるが、一〇数坪という小さいものもあった。今の旅館はほとんど玄関があるが、前にも述べたように江戸時代は宿場で玄関を構えること

安藤広重「東海道五十三次」保永堂版のうち「御油」

安藤広重「東海道五十三次」保永堂版のうち「赤坂」(いずれも東京国立博物館蔵)

を許されたのは本陣・脇本陣だけで、旅籠屋では土間で「すすぎ」と呼ばれる盥《たらい》に入れた湯や水で足を洗って上がるようになっていた。部屋も全部が畳敷というわけではなく、筵《むしろ》敷の部屋もあったりした。

宿泊者は宿帳に姓名・生国などを記入しなければならなかったが、一人旅の者は敬遠されることが多かった。そこで、「旅は道連れ」という言葉も生まれる。旅籠屋は通行者を引き止めるために、客引や留女《とめおんな》を使った。広重の「東海道五十三次」の御油《ごゆ》宿の絵に留女が客を引き止めている姿や、客が土間で「すすぎ」を使っているようすが描かれている。

また、旅籠屋には飯盛女《めしもり》とか食売女《めしうり》と呼ばれた娼婦を置く所もあった。幕府は東海道や中山道の宿に対して、遊女と博奕《ばくち》を禁ずる御触を出しているが、食売女ということで黙認されたのであろう。それも、一軒につき二人というのが原則であったが、実際には数十人を置く所もあったという。中山道の軽井沢宿は食売女で有名で、宝暦一一年（一七六二）の人口は、男五九五人に対して女八四七人と圧倒的に多い。一般に宿場町の人口は女が多いのが通例である。広重の「東海道五十三次」の赤坂宿の絵では、女中が食膳を持ってきている隣の部屋で、食売女であろう三人の女が化粧をしている状況が描かれている。

第6章　明治の国道と駅

明治維新当時、欧米先進国ではずっと以前から長距離定期馬車が運行されており、さらに新しい交通・輸送の仕組みとして鉄道も発達していたので、明治政府はこれらの交通制度を一緒に導入しようとした。

問屋に替わる陸運会社

明治三年（一八七〇）に明治政府は、民間の旅客・貨物の輸送にあたる陸運会社を各駅に設立させる方針を決めた。この「駅」とは従来の宿場のことであって、明治政府は近代化を計りながらも復古思想に基づいて、政府諸機関の名称に古代律令期と類似の言葉を使うことが多く、交通制度を総括する政府機関を駅逓司《えきていし》（後に駅逓寮）といい、従来の宿場を駅と呼び、問屋に替わるものを伝馬所といった。

この会社というのは、出資者による自由な会社組織ではなく、従来の問屋団体が駅間の輸送権を独占して行なうものであった。この当時から貨物の輸送に荷車が使われるようになっていたが、貨客の運送に従事する者はすべてこれらの会社に登録して鑑札を得て行ない、賃銭の一部を会社の費用にあてることになっていた。

さらに、公用貨客の輸送もこれに含めることになって、明治四年末から五年初めにかけて、東海道各駅に陸運会社が相次いで設立された。その結果、明治五年の大蔵省通達によって東海道筋各駅の伝馬所および助郷《すけごう》の廃止が決定され、東京—大阪間の陸運業務はすべて各陸運会社に委任されることになった。

郵便馬車会社と中牛馬会社などの設立

幕末の横浜開港以来、横浜と江戸にあった外国公館の間に非営業用の馬車が外国人によって運行されていたが、明治二年ごろからは、日本人が車両を外国人から譲り受けて、横浜—東京間に運行するものが現われていた。

宿駅制度が廃止された明治五年には、中山道郵便馬車会社（東京—高崎間）、甲州街道馬車会社（東京—八王子間）、東京・宇都宮間馬車会社、陸羽街道郵便馬車会社（福島・印旛県境）、京都・大阪間馬車会社などが設立されて、郵便物や一般の貨客を輸送しはじめた。

中山道郵便馬車会社の場合、東京—高崎間は二輛の二頭立馬車で両地をそれぞれ毎日午前六時に出発し、途中、蕨《わらび》・桶川《おけがわ》・熊谷《くまがや》・本庄《ほんじょう》を中継地にして一二時間で目的地に到着するというもので、別に東京—熊谷間を一頭立馬車一輛が毎日運行していた。そのために、馬五〇頭を用意して、出発地と中継地に適宜配置していた。しかし、道路事情が悪く、特に橋が不備なために、出水時には御者《ぎょしゃ》が馬を下りて道を探りながら引き、夕刻六時の到着の予定が八時・九時になることも多かったという。
京都・大阪間馬車会社は、その京都会社が伏見を中継地として京都—橋本間を、大阪会社は枚方で中継して大阪—橋本間を、馬二〇頭を用意して一頭立馬車四輛で運行し、当初は郵便物だけだったが、後には一輛につき乗客四人も乗せることになった。この会社の創業費をみると、道路・橋梁《きょうりょう》建設費に最大の費用を見積もり、また年間の費用にも道路・橋梁修繕のための積立金を用意している。歩行者のためにはよく整備されていた近世の街道も、車輛の通行にはまったく不備だったことをよく示している。

郵便馬車会社の設立にともなって、北関東から甲信地方には中牛馬《ちゆうぎゆうば》会社が設立された。これらの地方では駄馬牛による民間荷物の付通し輸送（目的地まで積み替えなしに輸送すること）を行なう中馬《ちゆうま》稼業が行なわれていたが、中牛馬稼ぎの者が合同して会社を設立し、中山道郵便馬車会社と提携して、東京と高崎から甲信越方面への連帯輸送を行ない、特に高崎以遠の郵便物の逓送業務を引き受けるというものである。会社設立予定地としては、高崎・安中《あんなか》・下仁田《しもにた》・小諸《こもろ》・上田・松本・大町・和田・下諏訪・飯田・福島（木曾福島）・善光寺（長野）・関川《せきかわ》など中山道・北国街道沿いの各地が予定されていた。これらの組織は、中牛馬士を社員として、その鑑札料によってまかなわれる同業組合というべきものであった。最初に設立された上州高崎中牛馬会社は、開業後一カ月で発行した鑑札は九一二匹分で、その営業路線は南は大宮（秩父市）から北は越後浅貝《あさかい》（新潟県湯沢町南端）まで、東は伊勢崎《いせさき》から西は信州追分《おいわけ》（長野県軽井沢町）に及んでいた。

運送業を独占する陸運元会社

江戸時代から東海道を中心に江戸—京—大坂を結ぶ三都定飛脚仲間《じょうびきゃくなかま》が、公私の信書・貨幣・貨物の運送を取り扱っていたが、明治四年（一八七一）に東海道に官営郵便事業が開設されると、その事業を存続させることが困難になったので、郵便業務の委託を受けて関連業務を行なう方向で会社を設立した。

定飛脚仲間による陸運元会社《りくうんもと》設立の願書は、明治五年にまず江戸仲間から駅逓寮に提出され、大阪・京都の仲間も入社して、各駅の陸運会社との業務提携を進めた。明治六年に出された太政官布告は、みだりに運送業を営むことを禁止し、営業を希望する者は陸運元会社と提携するか、または入社するように指導したので、陸運元会社は河川運輸も含めて全国的に通運業務を独占することになった。

一方、各駅に設立されていた陸運会社は、旧来の慣習に固執して街道の通行を妨げるという理由で、明治八年の内務省布達によって一斉に解散を命じられたので、社名を内国通運会社と改めた陸運元会社はその業務を吸収して、さらに大きくなった。

明治一一年（一八七八）に来日して、東北・北海道を旅行したイギリス人女性イサベラ・バードは、「この陸運会社〔陸運元会社＝内国通運会社のことと思われる〕はすばらしくよく運営されている。私は一二〇〇マイルの旅行でそれを利用したが、いつも能率的で信頼できるものであった。」と称賛している。

完全に全国の通運業を独占した同社は、明治一二年には東京―高崎間、一四年には東京―大阪間に長距離馬車輸送を開始した。東京―大阪間を二頭立馬車で、小田原・三島・静岡・浜松・名古屋・土山《つちやま》を中継地にして、七日間で結ぶものであった。しかし、明治一二年の太政官布告によって、通運業の自由化が許られることになり、二〇年代になると次第に鉄道に長距離輸送を奪われるようになった。

人力車の登場

日本で発明された特異な車である人力車《じんりきしや》は、東京日本橋の和泉要助《いずみようすけ》が西洋馬車にヒントを得て明治二年（一八六九）に発明したといわれるが、実際にはすでに江戸時代末期には一部の街道で大八車を利用した旅客輸送も行なわれていた。明治三年には東京府庁から人力車営業の許可が下り、日本橋河畔で開業したのに始まり、現在のタクシーに相当する乗り物として急速に普及し、明治五年には東京で一万台を越え、全国に広まって車夫という職業が定着するにいたった。車輌にも改良が加えられ、二輪一座席が一般であるが、二座席のものも多く、三輪・四輪のものや五〜六人乗りのものも出現した。

一般に立場《たてば》と呼ばれる場所に常駐したが、明治一三年には鉄道の停車場構内に入ることを許されて、現在の構内タクシーの役割をはたした。当時の運賃は一里一〇銭が相場であったという。もりそば一杯が八厘（一〇厘が一銭）という時代である。都市内の通行が一般であるが長距離にも利用され、東

人力車上のロシア皇太子ニコライ2世

京―京都間を七日で走った例もある。
庶民の乗り物というだけではなく、貴顕の乗り物としても利用され、明治二四年（一八九一）ロシアの皇太子ニコライ二世が来日し、大津で巡査津田三蔵に襲撃された時も人力車に乗っていた。
馬車よりも手軽に利用できるので、営業用のほかに自家用車としても利用されるようになり、車夫も使用人の仲間入りした。自家用車は黒塗り定紋入りのものが多かったが、営業車のなかには義経・弁慶や唐獅子に牡丹など、派手な模様を入れたものも現われ、後に俗悪という理由で禁止された。
東京における人力車の最盛期は明治三五年（一九〇二）で、約四万五千人の車夫がいたが、市電の路線が広がるにつれて、その利用は次第に減少して、四〇年には二万六千人に減少した。大正三年（一九一四）に東京駅ができた時、構内になお二〇〇台の人力車がいたが、昭和一三年（一九三八）には姿を消した。しかし、地方都市では第二次大戦前まではなお利用されていた。

国道の改修と新設

人の歩行のみを考えて整備された江戸時代の街道が、馬車などの車輛の通行に耐えられないことは、郵便馬車の項でも述べたところであるが、明治政府は鉄道を優先したために道路の補修や改良には十分な予算を出すことがなかったので、道路の荒廃は激しかった。そこでとられた方法として有料道路制がある。明治四年（一八七一）の太政官布告に「治水修路等ノ便利ヲ興ス者ニ税金取立ヲ許ス」とあり、税金とは料金のことで、個人や会社組織で水路や道路を開いたり橋を架けたりすると、一定の期間料金を取ることができるというものである。この制度によって、東海道の小夜の中山の峠道の改修が行なわれて、明治一三年（一八八〇）から同三五年（一九〇二）まで料金が徴収された。明治四四年（一九一一）当時で料金を取る橋が全国の国道に一三カ所、県道に五六カ所、里道に二〇六カ所、計二七五カ所もあったという。

また、明治政府は明治六年（一八七三）に「河港道路修築規則」の布達を出しているが、このなかで道路の等級を一等・二等・三等と決め、幹線道路にあたる一等道路とこれに次ぐ二等道路とは建設や修復の費用の六〇パーセントを中央政府が負担し、残りの四〇パーセントは地元の住民が負担することとして、工事は地方庁が実施する。三等道路は地方庁が工事を行なうが、費用はおおむね地方民が負担するように決められた。同年に太政官が「道路里程調査」を各府県に命じ、その測量方法も細かく指示したが、その際に国内道路の起点として東京の日本橋に道路元標が置かれた。

明治九年（一八七六）には太政官達として「道路付橋梁方案」が出され、そのなかで道路を国道・県道・里道の三種に区分し、それぞれを一等・二等・三等に分けて、道幅を決めたりしているが、さらに明治一八年（一八八五）にも太政官布達によって、国道の級別を廃止し、これに合わせて国道の道幅が改めて規定され、さらに国道の四四路線が認定された。その後も内務省は道路に関する統一法規を制定しようとしたが、結局は大正八年（一九一九）までかかることになる。

道路の幅

明治九年の太政官達によれば、国道の一等は幅七間（一二・七メートル）、二等は六間（一〇・九メートル）、三等は五間（九・一メートル）、県道は四間（七・三メートル）ないし五間とし、里道は特に定めていない。これは、前に述べた江戸時代の街道は道幅は二間以上として両側にそれぞれ九尺の並木敷地を設けるとしていることに関連があり、これだと全幅が五間になり、国道の三等にあたる。

しかし、この規定はあまりに細かすぎる上に並木の敷地を含めるのかどうか不明なことなどもあって、明治一八年の改定では国道の等級を廃止して、道幅は四間、並木敷と湿抜敷《しみぬきじき》（排水溝幅）を合わせて三間（五・四メートル）、合計七間以上とすることになった。ただし、市街地・村落内・山間地など、並木敷や湿抜敷を設ける必要のない場所や設けられない場所では、上申すれば許可されることになっている。

この国道の幅は、大正八年制定の道路構造令でも、「国道ノ有効幅員ハ四間（七・三メートル）以上ト為スベシ」とあって踏襲されている。さらに、昭和一〇年（一九三五）の道路構造令細則案でも、国道の幅員は七・五メートル（ただし山地その他特殊な箇所は六・〇メートル）を下回らないこととなっていて、大筋において変わっていない。

土木県令三島通庸が造った道

前記したイサベラ・バードの『日本奥地紀行』と題する旅行記には日本の道路についての感想も述べられている。日光の杉並木については称賛しているが、会津から新潟に向かう所では、「山また山の旅である。道路はひどいもので、辷《すべ》りやすく、私の馬は数回も辷って倒れた。（中略）りっぱな道路こそは、今の日本で最も必要なものである。政府は、イギリスから装甲軍艦を買ったり、西洋の高価なぜいたく品に夢中になって国を疲弊させるよりも、国内の品物輸送のために役立つ道路を作るというような実利のある支出をすることによって国を富ませた方が、ずっと良いことであろう。」と日本の道路政策に対して厳しい論評を加えている。

ところが、新潟から米沢《よねざわ》平野に入った彼女は、広々とした道路を通って驚いている。「すばらしい道を三日間旅して、六〇マイル近くやってきた。山形県は非常に繁栄しており、進歩的で活動的であるという印象を受ける。上ノ山《かみのやま》を出ると、まもなく山形平野に入ったが、人口が多く、よく耕作されており、幅広い道路には交通量も多く、富裕で文化的に見える。道路の修理は、漢字の入ったにぶい赤色の着物を着た囚人がやっていた。彼等は土建業者や百姓に雇われて賃金をもらって働いているから、英国の仮出獄人に相当するものである。（中略）新しい県庁の高くて白い建物が低い灰色の上にそびえて見えるのは、大きな驚きである。山形の道路は広くて清潔である。」と。

当時の道路は全般的には貧弱な悪路であるが、山形県内の道路は非常に整備されていたらしい。誰がこのような立派な道を造ったのだろうか。それは、明治七年（一八七四）に酒田県令となり、明治九年には鶴岡（酒田県の県庁移転で県名が変わったもの）・山形・置賜《おきたま》の三県が合併してできた、新しい山形県の初代県令になった三島通庸《みちつね》である。

三島は薩摩藩の出身で大久保利通《としみち》と親しく、大久保の勧めによって酒田県令になったものである。三島が新山形県の県令になったとき、長文の意見書を出しているが、そのなかで具体的な施政方針の最初にあげているのが道路の整備である。すなわち、山形県は農業は盛んで産物も多いが、牛馬が少なくて道路が悪いため荷車も利用できず、人が担いで物を運んでいるので、馬車の通る道路を造る必要があるというのである。そこで具体的な路線として、まず山形から米沢を経て東京へ出る道路と、山形から仙台に出る道路をあげている。

山形から東京に出る道路は、米沢から県境の山地を越えて福島に出なければならず、ここに馬車を通す道路を開くには、栗子山《くりこやま》の下の海抜九五〇メートルの地点に長さおよそ八町（約八七〇メートル）のトンネルを掘る必要があった。明治一〇年以前に掘られた道路トンネルで最長のものは、宇津ノ谷《うつのや》隧道《ずいどう》（静岡県丸子―岡部間）で二〇〇メートル程度のものであった。栗子山トンネルと同じ明治一三年（一八八〇）に竣工《しゅんこう》した鉄道の逢坂山《おうさかやま》トンネル（京都―大津間）でも長さ六六四・五メートルであったから、より長い山中のトンネル掘削がいかに大変な工事であったかがわかる。この工事の総経費の七割が地元民の負担によるものであり、三島は「寸志夫《すんしふ》」という賦役《ふえき》を強いた。これは、道路が完成すれば住民は恩恵を受けるので、あらかじめ感謝のために働くというものである。

明治一四年に明治天皇の行幸を仰いで栗子山トンネルの開通式が執り行なわれ、天皇はこの道路を「万世大路《ばんせいおおじ》」と名づけた。馬車が通る道幅四間（七・二メートル）の万世大路は、この地方最大の要路として機能し、一日の交通量として通行人一一〇人あまり、小荷駄馬車四〇台の通行が記録されている。しかし、明治三二年（一八九九）の南奥羽線の鉄道が開通してからは、万世大路の交通量は激減した。

イサベラ・バードが通った道は羽州街道を三島が改修したもので、天童から東根《ひがしね》を経て村山市楯岡《たておか》までの約一五キロを一直線に通っているのが特徴的である。また、バードが驚いた県庁を中心とする山形の新市街も三島の都市計画によるもので、万日河原一帯を埋め立てて作られたものである。この土木工事に山形市民は一戸一人の労役を課せられた。

また、三島は明治一五年には福島県令も兼務することになり、赴任すると直ちに三方道路開削を指示した。会津を中心に山形・新潟・栃木三県への道路を開くというものである。この工事には、一五歳以上六〇歳未満の者は一月に一日の労役を二年間課せられ、これに服しない者は男一日金一五銭、女は一〇銭の代夫賃を支払わねばならなかった。

三島は三方道路完成前の明治一六年に栃木県令に転じたが、翌一七年の道路開通式には三条実美《さねとみ》らの政府高官を招いて人力車で西那須野―塩原―山王《さんのう》峠―田島―湯野上《ゆのかみ》―若松への新道を走らせたという。三島の道路工事への情熱は「土木県令」とその名を高めたが、工事の地元負担が大きく人夫の徴発や予定路線上の土地の強制収用などもきわめて強引に行なったので、その評価にはマイナス面も大きい。

三島が計画した道路は、平野部では直線的路線をとることが特徴で、現在でも明瞭にその跡を辿ることができる。いずれにしても、明治の道路としては特記すべきものである。

第7章　鉄道と駅

鉄道の敷設と地形

日本の道路は、律令期の官道は別として、古代末から近代初期の国道まで、部分的な変更はあっても、ほぼ同じ路線をとってきた。しかし、鉄道は急傾斜に弱く、また急な転回もできないので、地形の険しい日本では従来の道路と同じ路線をとることは、きわめて難しい。

明治二二年（一八八九）に開通した東海道線に例をとれば、まず箱根山地を横切ることができないので、酒匂《さかわ》川の谷に沿って大きく北方に迂回する路線をとった。現在の御殿場線である。それでも、御殿場駅は標高四五〇メートルの高地にあり、山北《やまきた》―御殿場《ごてんば》間は一〇〇〇分の二五という急勾配になったため、補助機関車を増結しなければならなかった。列車編成が長くなった昭和初期には、二輛の機関車で牽引して、後ろにもなお一輛の機関車を付けて後押しをするという方法をとっていた。最重要幹線としての東海道線の輸送量の増加と列車のスピード化を計るために、箱根山南方の丹那《たんな》盆地の下に長大なトンネルを掘って、路線を短縮し平坦線を敷設する計画が進められた。丹那トンネルの工事は大正七年（一九一八）に始まったが、火山温泉地帯を通るために高い地熱と出水に悩まされる難工事となり、一六年の歳月を費やし六七人の殉職者を出し、昭和九年（一九三四）にようやく開通した。その結果、勾配は一〇〇〇分の一〇以下に押さえ、在来線の六〇・二キロを四八・五キロに短縮した。

名古屋以西では、古代・近世の東海道が通る鈴鹿山脈の通過が困難なため、濃尾平野を北西に通って関ケ原へ出るという鎌倉時代の東海道ルートがとられることになった。この路線でも、垂井《たるい》—関ケ原間が一〇〇〇分の二五の勾配になるため、下り（地形的には上り）路線は大垣駅で補助機関車を増結する必要があった。補助機関車を回送するために上り列車の運行本数が制約されることもあり、太平洋戦争中に戦時下緊急工事として単線別線案が計画され、昭和一九年（一九四四）に大きく東方に迂回する新下り線が大垣—関ケ原間に開通して新垂井駅を設けた。そのために、垂井の人は上り線は垂井駅を、下り線は新垂井駅を利用しなければならず、両駅間をバスで連絡した。その後、傾斜に強い電車の採用によって旧下り線にも列車を通すようになったので、現在は迂回線には垂井駅に停車の必要がない貨物列車や特急列車などを通し、新垂井駅は廃止された。

京都の東山も、当初の線路はトンネル掘削の必要のない、南方に大きく迂回して大亀谷《おおかめだに》から山科《やましな》盆地に出る路線をとっていた。また、逢坂山は長さ六六〇メートル余のトンネルを掘削し、その前後は一〇〇〇分の二五の勾配となっていた。大正一〇年（一九二一）になって、東山と逢坂山にそれぞれ長さ約二キロのトンネルを掘ることによって、距離を短縮し、傾斜も一〇〇〇分の一〇に減らすことができた。なお、京都―深草間の旧線路は現在の奈良線になり、深草以遠の旧線は廃線となったが、後に名神高速道路の路線として利用されることになった。

新潟は日本海側で最大の要港であったから、東京と新潟を結ぶ鉄道は早くから計画された。近世の三国街道のルートが一番近いが険峻な越後山脈の通過が困難なため、中山道・北国街道のルートが先に開通した。現在の信越線である。しかし、群馬・長野県界の碓氷《うすい》峠が最大の難所で、明治一八年（一八八五）に高崎―横川間が、同二一年に直江津《なおえつ》―軽井沢間が開通していたが、横川―軽井沢間が同二六年に開通することによって完成した。

横川―軽井沢間は一一・二キロの区間で五一六メートルの高度差があり、最大斜度一〇〇〇分の六六・七という急勾配であった。そこで、通常のレールの間にアプト式歯軌条を敷設して、機関車にはこれに噛み合う歯車を付けたアプト式機関車を使用する方式で上下した。そのため、横川・軽井沢両駅では機関車の付け替えを行なう必要があり、円滑な交通を阻害するところがあった。昭和三八年（一九六三）信越線の電化複線化にともなって新線が敷設され、アプト式を廃止して粘着式運転に切り替えた。それでも、急勾配は変わらないので強力な機関車を増結して通過するようになっており、電車を含めてすべての列車がいったん横川・軽井沢両駅に停止しなければならないことには変わりない。横川駅の釜飯弁当は有名であるが、すべての列車が数分間停車しなければならないということも弁当販売には好都合であった。しかし、この区間は長野新幹線の開通にともなって廃止され、横川―

軽井沢間はバス連絡されることになった。

三国街道沿いのルートは群馬県側は利根川の、新潟県側は信濃川の支流魚野《うおの》川の、それぞれ上流の谷に沿ってできるだけ上り、それぞれにループを設けてさらに高度を上げ、土合《どあい》駅（六五五・五メートル）と土樽《つちたる》駅（五五四メートル）との間に、最高地点六七六・八メートル、長さ九七〇二メートルの清水トンネルを掘ることによって、昭和六年（一九三一）に上越線として開通した。清水トンネルは大正一一年（一九二二）に着工し、昭和四年（一九二九）に完成したが、長い間日本最長のトンネルとして知られ、川端康成の名作『雪国』の冒頭に「国境の長いトンネルを抜けると雪国であった」と記されるように、気候も風景も一変する。しかし、最大斜度一〇〇〇分の二〇であることから、複線化にともない昭和四二年に一万三四九〇メートルの新清水トンネルが掘られ、現在は上り路線が旧トンネルを、下り路線が新トンネルを通っている。さらに、昭和六〇年に開通した上越新幹線では、陸地トンネルとしては世界最長の二万二二二八メートルの大清水トンネルが掘られており、これらのトンネル群はトンネル掘削技術の進歩の跡を示している。

一般に鉄道が旧傾斜地を通過する場合にとられる方法としては、スイッチバックやループが用いられる。スイッチバックは線路をジグザクに設けて、列車が往復を繰り返しながら登って行く最も簡単な方法で、箱根登山鉄道などで多用されているが、単車輛や短い車輛の場合はともかくとして、長い列車の場合は不便が大きく時間も要することになる。ループは大きく輪を描いて上る方法であるが、一部にトンネルを掘るか高脚の橋を架ける必要がある。ループを何重にも使用する場合スパイラルともいい、台湾の阿里山《ありさん》に作られたことがあるが、現在の日本には存在しない。

標準軌間と広軌・狭軌

世界的に最も一般的な線路の幅は四フィート八インチ半（一四三・五センチ）で、これを標準軌間といい、それより広い軌間を広軌《こうき》、狭いものを狭軌《きょうき》という。

日本の鉄道は当初イギリス人技師の指導のもとに敷設したが、その際に植民地でよく採用している狭軌が経費が少なくてよいのではないかとの薦めに従って、三フィート六インチ（一〇六・七センチ）の狭軌を採用したものである。その後、一部の私鉄や市街電車が標準軌間を採用するようになったが少数派だった。しかし、新幹線に標準軌間を採用したので、日本でもやや一般化することになった。

日本では狭軌が一般的であったため、標準軌間という言葉になじまず、これを狭軌に比較して広いという意味で広軌といっていたことがある。これは誤った言い方で、広軌は日本では使用されていないが、例えばロシアの鉄道は一五〇センチの広軌を用い、オーストラリアには六フィート（一八二・九センチ）の広軌もあるという。

狭軌には一〇六・七センチのほかに、かつての人車軌道や馬車鉄道、鉱山鉄道や土木工事現場のトロッコなどで、六〇センチ、六〇・九センチ（二フィート）、七六・二センチ（二フィート五インチ）、七六・二センチなどが使用されていた。一三七・二センチ（四フィート六インチ）は標準軌間に近いが、狭軌の仲間に入る。これは東京や横浜の路面電車に使用されたので、東京周辺の私鉄も市電との乗り入れを考えてこの軌幅を採用するものが多かった。このような変則的な軌間が使用されたのは、明治一五年（一八八二）に開業した東京馬車鉄道が、当初アメリカから輸入した客車がたまたまこの軌幅だったので、それがそのまま採用され、後に電化しても軌間はそのまま引き続いて使用され、周辺の私鉄にも影響を与えたものである。

一方、関西では最初の京都の市電は三フィート六インチだったが、その後は大阪の市電が四フィート八インチ半の標準軌間を採用したので、関西の私鉄は標準軌間をとるものが多い。なお、京都市電も後に標準軌間を採ったので、部分的に三本のレールが敷かれている区間があった。軌間が同一でないと相互乗り入れができない。京成電鉄や京浜急行電鉄も一三七・七センチであったが、都営地下鉄に乗り入れることになった際に双方とも標準軌間に変更した。近畿日本鉄道は標準軌間をとっているが、昭和一三年に合併した名古屋線は狭軌だったために、当時は大阪―名古屋間の直通運転ができなかった。昭和三四年（一九五九）の伊勢湾台風で名古屋線が大きな被害を受けたので、その復旧を機会に全線を標準軌間に変更して直通運転を可能にした。

鉄道忌避と宿場町の衰微

鉄道の初期のころ、その開通を喜ばない土地もあった。特に街道に依存してきた宿場町にとって鉄道は大きな脅威であったので、街道沿いの宿場町がこぞって鉄道の通過を忌避するという現象がみられた。

明治二一年（一八八八）愛知県下に東海道線が開通した際、吉田（豊橋）—岡崎間の御油《ごゆ》・赤坂・藤川などの宿場が鉄道を忌避したので、この間の鉄道路線は鈍角三角形の二辺を通るように、海岸の蒲郡《がまごおり》を通って大きく迂回して岡崎に接近するが、岡崎駅は岡崎市街の南方四キロの羽根《はね》村に設置された。その結果、これらの宿場町は衰微することになった。一方、羽根村は翌年には周辺の四村と合併して岡崎停車場にちなんで岡崎村となり、駅前集落の発達によって昭和三年（一九二八）に岡崎市に編入された。

同様に、知立《ちりゅう》宿も鉄道を忌避したので、鉄道は知多湾奥の刈谷《かりや》を迂回することになった。そこで、岡崎・刈谷の中間駅が知立の東南七キロにある安城《あんじょう》村に設置された結果、安城は周辺の物資の集散地として発達するようになり、明治三九年（一九〇六）には安城村を中心に安城町が生まれ、昭和二七年（一九五二）には市制を施行するに至った。その後、名古屋と豊橋を結ぶ愛知電気鉄道（現在の名古屋鉄道名古屋本線）が大正一五年（一九二六）にほぼ旧街道に沿って開通したので、旧宿場町も鉄道の恩恵を受けることになるが、三河鉄道（現在の名古屋鉄道三河線）との分岐点となった知立以外には、再び交通集落としての発展はみられなかった。その知立も市制を施行したのは、安城に遅れること一八年の昭和四五年であった。

鉄道を忌避したわけでもないが、鉄道路線から離れた旧宿場町の衰微は甚だしかった。例えば、東海道坂下宿は鈴鹿峠を越えるために、その坂の下の山中に設けられた宿場であったから、ほとんどすべての住民が宿駅の業務に依存していた。明治二八年（一八九五）に開通した関西鉄道（現在のＪＲ草津線と柘植《つげ》以東の関西本線）は鈴鹿峠を通らず加太《かぶと》越えの経路をとったので、坂下は急激に衰えることになった。天保一四年（一八四三）には本陣三・脇本陣一・旅籠四八があって宿泊客が多かったことを思わせるが、明治二三年（一八九〇）には飲食店三七・旅人宿三・旅人宿兼業七・木賃宿四、その他商業三六になっていて、すでに通過客の休憩を主な対象にしていたことがわかる。戸数と人口は、天保一四年に一五三軒・五四三人（子供などは含まないと思われる）に対して、明治三一年の世帯数一二九であった。さらに高度経済成長以来の過疎化の影響によって昭和四五年（一九七〇）には六八戸・二二〇人に減っている。

日本鉄道東北線（現ＪＲ東北本線）は明治二四年（一八九一）に開通したが、青森県内に入ると三戸《さんのへ》から馬淵《まべち》川沿いに海岸の八戸《はちのへ》に出て、八戸―陸奥《むつ》市川《いちかわ》間でほぼ直角に曲がる路線をとっているが、これに対して旧奥州街道を踏襲する国道四号線は五戸・三本木・七戸・中野を通って野辺地《のへじ》に直通するので、旧街道に対して鉄道は三角形の二辺を通るような状態を示している。このことは、この間の旧宿場町の鉄道忌避によるものではないかとみられやすいが、青木栄一氏（駿河台大学教授）によれば、地形的に海岸経由の方が当時の鉄道敷設の技術的条件からみて適当だった結果であるという。

鉄道の駅

現在では「駅」といえば鉄道の駅を意味するが、これまでに述べたように、本来は早馬の中継地をいった。日本では明治五年（一八七二）の鉄道開業当時の鉄道略則によれば、「ステーショントハ列車ノ立場ニテ、旅客ノ乗リ下リ、荷物ノ積ミ下ロシヲ為ス所ヲ云フ」として外来語の「ステーション」をそのまま用いている。立場《たてば》は江戸時代の街道で駕籠舁《かごかき》や馬子《まご》などの休息所をいい、そこに出向くことによってこれらを利用することができた。明治以後は人力車や馬車の発着所も立場といったので、「列車の立場」とはまさに適切な表現である。なお、ステーションをなまってステン所といったり、また汽車会所という言葉もあったらしい。

明治三三年（一九〇〇）制定の鉄道運輸規定には一般に停車場という語が用いられているが、文中には「停車場ニハ見易キ場所ニ駅名ヲ明示シ……」とあり、また同年制定の鉄道係員職制には「駅長」や「駅夫」の職制があげられているので、停車場は駅とも呼ばれていたらしい。停車場を駅ともいうようになったのは、少なくとも明治二一年（一八八八）の町村制施行以降のことであろう。それまでは、前に述べたように、駅逓寮のもとで設置された陸運会社・陸運元会社の輸送基地としての、従来の宿場が駅と呼ばれていたからである。

正式には、大正一〇年（一九二一）の国有鉄道建設規定によって、旅客の乗降、貨物の積卸し、列車の組成、車輌の入換え、列車の行違い、追越し、待避などをする場所を停車場として、そのなかで、

初期の横浜駅（撮影年不詳　横浜市歴史博物館蔵）

旅客・貨物の扱いをする場所を駅と定めている。民営鉄道の場合には、法制上は駅という規定はなく、停車場・停留場としている。

原田勝正氏（和光大学教授）によれば、当時の横浜駅は、木骨石張りの桁行《けたゆき》六八尺八寸（二〇・八メートル）、梁間《はりま》三一尺六寸（九・六メートル）の二階建二棟を、木造の桁行・梁間ともに八間（一四・五メートル）の平屋で繋ぐ形をとり、中央広間を挟んで、駅前広場から向かって右側に、手前から上等待合所・湯呑所・上等婦人待合所・上等出札所・不寝番詰所・駅長詰所があり、左側には同様に手前から中・下等待合所・同出札所・守線長（保線区長）詰所・車長（車掌）詰所などがあり、二階が事務所になっていたという。横浜市歴史博物館所蔵の写真はそれにあたるようである。

古来の駅は馬の中継基地であるが、宿泊施設も整えられていた。鉄道の駅には宿泊施設はなかったが、駅前旅館が現われ、現在では駅ビルの中にホテルや商店がある所も多い。

駅前集落の発達

市街電車などの路面軌道は別として、一般に鉄道は既成市街地内を避けて通ったから、鉄道の駅は町外れに設けられた。そこで、鉄道という市外への交通と市内への交通の結節点として、駅前集落が生まれることになる。貨物を扱う運送業者の店舗、旅客用の飲食店、駅から市街へ旅客を運ぶ人力車の立場、後にはタクシーやバスの乗場や車庫などが置かれ、鉄道の分岐点やターミナルでは乗継客のために旅館も必要となる。また、当時の工業は鉄道で原料や製品の輸送を行ない、工場内に鉄道の引込線を入れることもあったので、工場も駅周辺に多く進出した。このようにして、乗降客が増え鉄道の重要性が高まるにつれて駅前集落は発達し、さらに駅と市街地との間も店舗で連続するようになった。

新潟は日本海側屈指の港であったから、首都東京とを結ぶ鉄道が信越線として明治三二年（一八九九）に信濃川の対岸沼垂《ぬったり》町の竜《りゅう》ヶ《が》島《しま》駅（現在の新潟港貨物線）まで開通したが、同駅は水運との連絡を主にしたものであったから、同三七年に沼垂町の流作場《りゅうさくば》新田《しんでん》に新潟駅を新設した。しかし、駅はやはり新潟市街からは信濃川の対岸にあったから、当時信濃川に架けられた唯一の橋であった、万代橋《ばんだい》を

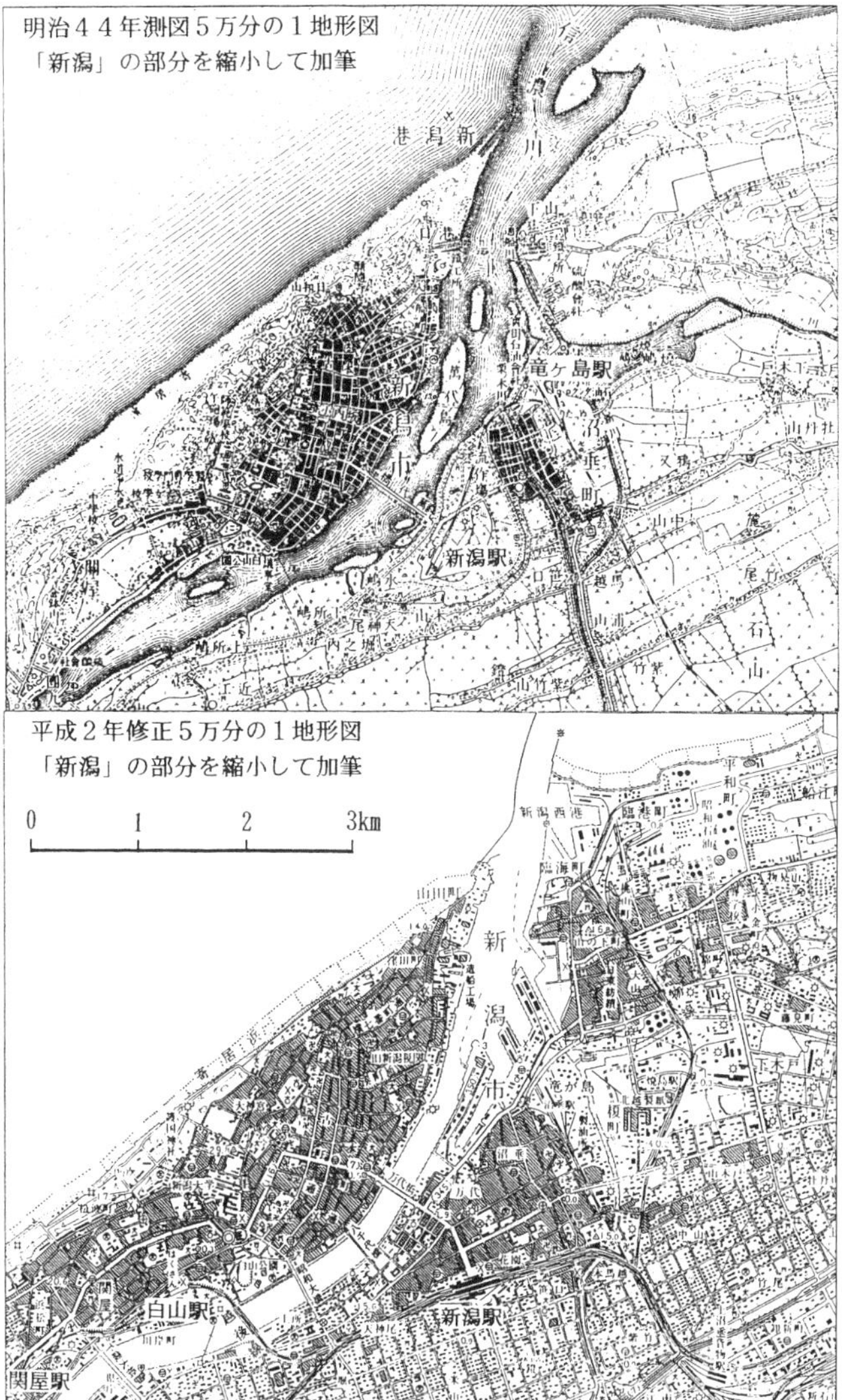

鉄道駅と新潟市街の拡大

渡ってなければならなかった。沼垂町は大正三年（一九一四）に新潟市に合併された。昭和三三年（一九五八）に新潟駅を移転新築し、白新線・越後線とも接続することになり、さらに昭和六〇年（一九八五）に開通した上越新幹線のターミナル駅として多くの乗降客がある。以上のような過程で、駅周辺の市街化は急速に進展した。

東京の新宿は、前に述べたように甲州道中の宿場町であったが、明治一八年（一八八五）日本鉄道赤羽—品川線（現在のJR山手線・赤羽線）が開通し、さらに明治二二年東武鉄道が新宿—立川間を開通したが、国有鉄道買収後の明治四四年（一九一一）に中央東線として塩尻まで延長して名古屋—塩尻間の中央西線と連絡したので、そのターミナル駅として東京西北部の中心駅となった。さらに、昭和二年（一九二七）に小田原急行鉄道（小田急線）、京王帝都電鉄（京王線）などの私鉄も新宿をターミナルにして、駅周辺は大いに繁盛した。昭和二七年には現在の西武新宿線が高田馬場から新宿まで延長した。かくして、新宿は都内最大の交通中心地となったが、戦後は駅西側にあった淀橋浄水場の跡地を利用した副都心計画が進められ、事実上の副都心となっている。

産業革命の担い手としての鉄道

近世の交通・運輸では、主として人の移動は陸路で、物資の輸送は水運によっていた。特に大量の重量物の輸送には、圧倒的に水運が有利であった。

明治以来の近代化によって、陸上交通の主要手段が鉄道に移り、水上輸送にも汽船が運行されるようになったが、鉄道は速さに比較して安い運賃、荷痛みなどの危険の少なさなどの理由で、物資の輸送においても水運を上回るようになった。

例えば、日本海に流れ込む秋田県の米代川《よねしろ》・雄物川《おもの》流域の米・木材・鉱産物は、河川水運によって河口港の土崎《つちざき》（秋田）港と能代《のしろ》港を集散地として海路で市場に送られていたが、明治三八年（一九〇五）に奥羽線が開通すると、これらの産物を東京市場に直結することになり、海運が減少して港町の衰微を招いた。江戸時代に大坂が「天下の台所」といわれたのは、日本海沿岸を主産地とする米が西廻り海運によって大坂に集められ、そこから最大消費地である江戸その他に送られていたからである。しかし、鉄道の発達によってその中心地である東京が、生産地と直結することになったので、大阪の経済的地位が薄れることになった。

日本における産業革命は明治二〇年（一八八七）前後に始まったとされるが、明治二〇年から大正元年（一九一二）までの二五年間に、鉄道の線路キロ数は九・三倍に増え、旅客輸送人員は二三倍、貨物輸送トン数は五〇・七倍に増えている。明治末年には鉄道の貨物輸送量が、海上の貨物輸送量をすでに上回っていたと推定されている。

明治初年の最大の輸出品は生糸《きいと》だったが、北関東・山梨・長野の諸県の製糸工場から明治一七年の上野―高崎間、同三六年の新宿―甲府間、同四一年の八王子―横浜間に開通した鉄道で集められ、横浜から輸出された。

近代産業の動力は石炭を燃料とする蒸気機関を主にした。最大の石炭産地であった筑豊炭田ではすでに江戸時代末期から採掘していた石炭を、遠賀《おんが》川の河川水運によって洞海湾《どうかいわん》に運び、若松港から主として関西方面へ海上輸送した。明治二四年（一八九一）筑豊興業鉄道（現JR筑豊線）が直方《のおがた》―若松間に開通したが、明治三四年にはさらに長尾駅（現桂川駅）まで延長された筑豊線を幹線として、明治末年までには筑豊炭田のほぼ全域に網状に鉄道が敷設された。さらに、大正四年（一九一五）の添田《そえだ》線（現日田彦山線の一部）の開通によって、北九州工業地帯東部の小倉に直結する路線を開くが、炭田地帯内部の鉄道開設は大正末年をもってほぼ終結し、全国的にみても最も鉄道網の稠密《ちゅうみつ》な地域となった。

鉄道の政治路線の拡大

現在、全国各地に造りかけたまま放置されている鉄道路線の名残が存在している。これらは国有鉄道時代に何十年も前に計画され、開通しても赤字路線になることが確実なことがわかってからも、完成の見通しもないまま建設が進められた結果の産物なのである。これらを政治路線といった。

明治二四年（一八九一）、鉄道庁長官井上勝《まさる》は「鉄道政略ニ関スル議」を内務大臣に提出し、鉄道建設については政府が主導権をにぎって長期計画をたてること、私設鉄道国有化を実施することを提案した。これを受けて、明治二五年に鉄道敷設法が施行され、全国に建設すべき予定線が規定され、沖縄を除く全国の府県庁所在地と師団司令部・軍港（鎮守府）の所在地に、鉄道が通じるように計画されることになったが、私設鉄道の国有化は見送られた。その後、日露戦争中に政府・軍部を中心にあらためて計画がまとめられ、明治三九年に鉄道国有法が公布されることになった。

鉄道の敷設が地域の発展をもたらすという考えは信仰にも近いものになって、各地に鉄道の誘致運動が展開するようになった。鉄道国有法によって鉄道は国家が必要とする場所に敷設することになるので、鉄道路線の決定は経済的問題ではなく政治的問題となり、そこに選出母体の地元の意向を受けて鉄道路線を引こうとする政治家が現われることになる。このようにして、国全体の必要性よりも選挙区の利便に基づいて政治的に決められた路線が生じ、「我田引水」という言葉をもじって「我田引鉄」といわれたものである。

これらの路線が計画されたのは多くは戦前のことであったが、戦時中と戦後の空白時代を経過して実際に建設が始められたのは、すでにモータリゼーションが進行して鉄道の利用者が減少していく時代になっていたのである。私も昭和四〇年代に各地を旅行していて、このように先の見通しもないまま建設が進められている鉄道路線を見て、何とも馬鹿馬鹿しい虚しい気持ちを覚えたことがしばしばあった。こうしたことも、国鉄解体の大きな要因の一つであった。

これらの路線は、一部が第三セクターの新線となっている所もないではない。また、国鉄（JR）バス専用路線として利用されていたこともあるが、多くが過疎地域にあって乗客が減少したため廃止されてしまった。これらのほとんどは単線として計画されていたので、普通の道路としては狭くて利用できないのである。このようにして、全国各地に未完成の鉄道の廃墟が、何ら利用されることなく残されている。

新幹線の登場

日本の幹線鉄道が狭軌で統一されていたことは、スピード化と輸送力の増大には大きな隘路《あいろ》であった。一方、第二次大戦前まで日本領土であった朝鮮と、植民地化されていた満州（現在の中国東北地方）の鉄道は標準軌間であったが、特に満州の幹線であった南満州鉄道では、大連—新京（長春）間七〇一・四キロを平均時速八二・五キロで走って八時間半で連絡する、最高時速一一〇キロを出す特急列車アジア号を昭和九年（一九三四）から運転するなど、当時としては最先端の技術力を発揮していた。

大陸経営を国策としていた戦前の日本では、軍部の要請もあって、朝鮮半島を経由して日本国内と満州を、できるだけ速く連絡する交通路線を必要とした。そこで、東京—下関間に標準軌間の新線を敷設して、「弾丸列車」の通称で呼ばれる高速列車の運行が計画され、一部路線の買収も進行していたが実現には至らなかった。

戦後の復興期に、全線電車化して立体交差、列車集中制御装置と列車自動制御装置を備えるという、従来の鉄道とはまったく異なる新たな構想のもとに、東海道新幹線が昭和三三年（一九五八）に着工し、三九年（一九六四）東京オリンピック開会一〇日前に開業した。以来、山陽・東北・上越などの新線が加わったが、在来線の二～三倍の快速性と、乗客の死亡事故ゼロという優れた安全性によって、遠・中距離旅客の大半を吸収するようになった。

新方式による高速鉄道の成功は世界的に注目され、フランスのミストラルなど同様の高速鉄道が開通した。これによって、鉄道の衰退を食い止めて新しい鉄道時代が来たと考えられるようになった。

現在、整備新幹線の工事着工が問題になっているが、果たしてこれらの路線が有効に機能するかどうか疑問である。たしかに、新幹線の開通が新しい旅客を誘致することにはなるが、もともと交通の絶対量が頭打ちになっている場合、新たな赤字路線を作ることにもなりかねないからである。例えば、九州新幹線が部分的に工事に入っているが、現在の鹿児島本線では博多（福岡）―熊本間に三二本の特急が運行し、内一五本が西鹿児島まで運行されていて、これらに筆者が数回乗車した際の体験からすれば、半数以上の空席があるように見受けられた。新幹線の開通によって、若干は飛行機から移ってくる旅客はあるとしても、果たしてフル規格で新設した路線の建設費の回復はもとより経常の収益をあげることができるだろうか。

現在、新幹線は「のぞみ」が東京―新大阪間を二時間半、新大阪―博多間を二時間三二分で運行している。飛行機の場合は東京―大阪間の飛行時間約一時間、大阪―福岡間一時間一〇分であるが、空港へ行く時間とチェックインと待機に一時間近くの時間を要するので、時間的にはほとんどかわらない。そこで、運賃と時間の安定性などから考えると、新幹線の方がはるかに有利である。

しかし東京―福岡となると、新幹線は五時間四分かかるのに対して、飛行機の飛行時間一時間四〇分にその他の所要時間を加えても、三時間ほどですむと思われるので確実に二時間は速い。やはり、新幹線は中距離の大都市間交通の手段として有効なのであろう。したがって、新幹線が熊本や鹿児島まで延長しても、それほど多くの旅客が飛行機から新幹線に移ることになるか疑問である。このような整備新幹線は、ＪＲ各社の反対にもかかわらず着工されている状態で、早くも新たな政治路線の様相を呈している感がある。

第8章　道路の復権

鉄道を補完する道路交通

鉄道の発達に伴って道路の利用は減少したが、自動車の発達によって道路交通は再び盛んになった。鉄道は交通幹線として長距離の旅行・輸送には適していても、その利便は駅の所在地に限られ、駅から離れた地点では駅までの短距離の交通・輸送の手段を必要とするからである。鉄道では短区間に駅を多く設置すれば、鉄道の迅速性を欠くことになるので、鉄道沿線でも駅以外の地点では直接に鉄道を利用することができない。そこで、その間の交通・運輸を担ったのがまず人力車や荷馬車であったが、また通勤者などは自転車を利用し、駅前には荷物預所とともに自転車預所ができた。

自動車の普及によって昭和初年ごろから、人力車に替わってタクシーやバスが、荷馬車の代わりにトラックが利用されるようになるが、地方では第二次大戦ごろまでは人力車や荷馬車もなお使われていた。鉄道の駅を起点に放射状に延びるバス路線は、鉄道を補完するものとして、重要な役割を果たすようになったが、鉄道が未だ通じていない地方ではバスが主要な交通機関となった。

一方、鉄道路線に並行するバス路線も開設され、鉄道と競合する分野もできてきた。バス運賃は鉄道より高くはなるが、鉄道沿線にありながら駅から離れているために鉄道を利用しにくい地域に利便をもたらし、また地方では必ずしも便数の多くない列車に対して、運行回数の多いバスは十分に対抗できるものであった。

私は一九七二年に熊本県下で古代道路の調査を行なった時に、自由に鉄道を利用できる均一周遊券を持っていながら、利用できる鉄道の便の少なさから路線バスを利用せざるを得なかった経験があるが、このようにして次第に路線バスが鉄道の旅客を着実に奪っていった。

かつては修学旅行などの団体旅行も鉄道を利用していたが、団体が大きくなるほど使用列車に制限があり、また乗換に不便を感じるので、これも貸切バスを利用することによって、それらの不便を解消し、時間的にも制約を受けることが少なくなった。こうして、遠距離の旅行は別として短・中距離の旅客輸送はほとんどバスに替えられていった。

貨物の場合は、鉄道の駅までをトラックで運ぶとすれば、発駅と着駅での積み替えが必要で、また着駅から送り先までのトラック輸送を必要とすることになる。これらの手数を考えると、送り主から届け先まで直接にトラックで運ぶ方がより便利になる。このようにして、比較的近距離の貨物輸送はほとんどトラック輸送に吸収されることになった。特に生鮮食料品は輸送時間をできるだけ短くすることが必要なので、これらは長距離輸送にも保冷車を使用することによってトラックに切り替わった。

道路の改良

自動車交通が盛んになると、従来の道路は自動車の通行には不適当なものが多かったので、道路の改良が必要となってきた。国民の所得水準が上がって、マイカー時代が到来したからである。国道をはじめとして、農道・林道を含むあらゆる道路が改修・改良され、およそ集落のあるところ産業の行なわれるところにはすべて車が入るようになったのは、一九七〇年代以降のことである。

交通輸送量に自動車が占める割合は急速に上昇し、何人を何キロ運んだかという人キロで示す旅客輸送量は一九七三年に鉄道を上回って首位になり、何トンの荷物を何キロ運んだかというトンキロで示す貨物輸送量も、すでに一九六四年に鉄道を上回っていたが、一九八五年には長い間貨物輸送の主役を占めていた内航海運をも上回るようになった。

道路の改良と自動車時代の到来とは、また新たな事態を生み出すことになった。

一つには、従来は幹線道路も市街地を通っていたが、街路は狭くて直角に曲がることも多く、自動車の通行には不向きで交通の隘路になるので、市街地の外側にバイパスを通じることになる。その結果、バスターミナルや運送センター、自動車販売店など自動車交通に関連する業務がバイパス沿いに立地することになる。また、マイカー時代になると駐車場がない旧市街地の商店街は不便なので、駐車場を備えた新しい大型店舗やファミリーレストラン、またパチンコ店などが旧市街の外側に興ってくるなど、鉄道の駅前集落とは異なる新しい市街地形成の動きが出てきた。

また、自動車交通の進展に伴って都市の市場圏が広まると、中心都市の過密が促進されることになり、せっかく改良された道路も渋滞をみるようになった。一方、過疎地に車が入るようになると、ますます人口流出を促す結果となり過疎を進行させることにもなった。過疎が進むと路線バスの経営は成り立たなくなり、過疎地では一般に若者が流出し老齢者が残るが、自分で車を運転しない老齢者にとっては、路線バスの廃止は行動範囲を非常に狭められることになる。

自動車交通に伴う道路関係施設も増えてくる。飲食店や土産物のドライブインやガソリンスタンドなどであり、峠の茶屋も復活し、また最初に述べた「道の駅」なども設けられるようになった。

フェリーの発達

道路交通が盛んになると、列島と離島からなる日本国土は、島々をつないで車を運ぶフェリーが必要になる。フェリーの運行によって離島にも自動車交通が盛んになり、また鉄道が大きく迂回する陸奥湾・東京湾・駿河湾・三河湾・伊勢湾・瀬戸内海・有明海・鹿児島湾などの海湾では、湾口にフェリーを運行させることによって、両岸の連絡は鉄道よりはるかに便利になった。

また、本州と北海道とを隔てる津軽海峡では、トラック輸送を主とするフェリーは下北半島の先端の大間《おおま》から函館の間に運行しているが、最近、青森—函館間を二時間で運行する高速フェリーが就航し、海峡トンネルを経由する鉄道は特急で一時間五〇分を要するので、運賃がはるかに低廉なフェリーは旅客輸送においても十分に鉄道に対抗できるものとなった。

生鮮食料品の長距離輸送では、早朝に市場に到着するように夜間に走行し、これは道路の混雑を避ける意味でも好都合であるが、運転者の疲労は大きい。そこで、産地と市場を直結する長距離フェリーが運行されるようになる。現在、主要な長距離フェリーの路線は、太平洋岸で北海道―首都圏、九州・四国―首都圏、日本海岸で北海道―北陸・近畿圏、九州―北陸のほか、瀬戸内海で九州・四国―近畿圏・首都圏などがある。北海道では室蘭・苫小牧・小樽、日本海岸の新潟・直江津・敦賀・舞鶴、四国の徳島・高知・松山・今治、九州では門司（北九州）・宮崎・日向・志布志《しぶし》などが、フェリーのターミナル港として新しい海陸交通の駅となっている。

海底道路トンネルと架橋ブーム

さらに交通量が増大すると橋を架け海底トンネルを掘削することになる。列島間では、本州と九州を隔てる関門海峡に、すでに一九三七年から国道トンネルが計画され、第二次大戦中は一時工事を中断したが、一九五八年に全長三四六一メートル（海底部七八〇メートル）が開通したのをはじめとする。このトンネルは上下二段になっていて、上段を自動車道として下段は歩道となっているのが特徴である。なお、歩道（自転車も通行可）は海底部のみに設けられ、歩行者と自転車は海峡両岸に設けられたエレベーターで上下する。これも、やがて交通量の増大に伴って、一九七三年には高速道路の一環として架設された全長一〇六八メートルの関門橋が開通した。

地方的なものとしては、北九州工業地帯の中心地で通勤者が多い北九州市戸畑区と若松区とを結ぶ洞海湾口の渡し船に替わって、一九六三年に全長二〇六八メートル・海上部六八〇メートル・中央径間三六七メートル・海面高四二メートルの若戸大橋が、当時は東洋一の吊橋として開通したのが早い時期に属する。車道二車線と歩道とがあり、歩行者はエレベーターで橋上に登るが、歩行者の利用が考慮されているのは当時の特徴である。

熊本県天草《あまくさ》諸島は下島《しもしま》・上島《かみしま》を中心に一二〇余の島々からなるが、九州本土の宇土《うと》半島から、それぞれ全長五〇二・二四九・三六一・五一〇・一七七メートルの五橋を架けて、諸島を連結して下島に達する二車線の有料道路が一九六六年に開通した。天草は以前から観光地として知られていたが、天草五橋はパールラインの愛称で観光客を誘致し、通行料はわずかに六年で建設費を上回る収入をあげて一九七五年には無料化された。

天草五橋の成功によって、天草諸島は他の島々も次々に橋で結ばれることになったが、また全国的な架橋ブームを巻き起こすことになった。今では、本土に近く比較的大きい島はほとんどが橋で結ばれており、また橋で結ばれることによって島内の道路も自動車が通るように改修されたが、必ずしも期待通りの成果を挙げたものばかりでもない。

本州と四国を結ぶ道路は、①明石《あかし》海峡—淡路《あわじ》島—鳴門《なると》海峡、②児島《こじま》半島—坂出《さかいで》、③尾道《おのみち》—芸予《げいよ》諸島—今治《いまばり》の三ルート案が取り上げられ、一九七〇年に本州四国連絡橋公団が設立されて三ルート同時着工となったが、石油危機によって一部の工事は延期された。

三案のうち、①はすでに一九六一年に小鳴門橋が開通しており、一九八五年に鳴門大橋が道路・鉄道(新幹線規格)併用橋として開通したが、鉄道は敷設されていない。明石海峡大橋は後回しになっていたが、これも本年(一九九八)四月五日に開通した。②の瀬戸大橋は一九八八年に道路・鉄道併用橋として全線開通した。一方、③はすでに一九六八年に尾道—向島《むかいしま》間に尾道大橋が開通し、続く諸橋も次々に開通しているが、なお来島《くるしま》海峡など未開通の所が多く、最も遅れている。

これらの架橋によって確かに本州—四国間の交通は便利になったが、架橋費は莫大なものとなるため、これを償却する通行料が割高になる結果、瀬戸大橋も鉄道の旅客は別として自動車通行は敬遠され、その通行量は予想を大きく下回っている。

一九九八年三月に発表された新全国総合開発計画(五全総)は、さらに紀淡(和歌山—淡路島)、豊予(大分—愛媛)間を含む六つの長大橋建設をとりあげているが、本当にこれらの橋は必要なのか、また経済的に引き合うのか、十分に考慮する必要がある。

海底道路トンネルも現在東京湾口などに建設されたが、これも建設費が大きく、通行料金が高価になるため、時間短縮による利益をカバーすることは困難で、予想通りの償還は不可能とみられている。

高速自動車道の構想

自動車の先進地域であるヨーロッパやアメリカでは、高速道路の構想は一九二〇年代に始まり、特にドイツは一九三三年以来ナチス政権の下に国家的事業としてアウトバーン(自動車道路)の建設を進め、一九三八年には三〇〇〇キロメートルが完成していた。これに刺激を受けて、日本でも一九四〇年に内務省土木局によって「重要道路調査」の名目で調査が始まり、一九四三年には「全国自動車国道計画」として全路線五四九〇キロメートルの路線が構想された。新幹線の原型になった標準軌間の幹線鉄道が「弾丸列車」と呼ばれたことにちなんで「弾丸道路」といわれたものである。しかし、第二次大戦中のことではあり、とうてい実現のめどもたたないもので、当時は燃料不足でバスも木炭から発生させる水性ガス（一酸化炭素・水素）を燃料として辛うじて動いている状態だったから、まさしく絵に描いた餅に過ぎなかった。

戦後の復興と国土開発を進める目的で、一九五一年に建設省は「東京—神戸間高速自動車道路調査」を開始した。この道路計画の是非について、一九五六年にアメリカのワトキンス調査団が来日して、その妥当性を認めたが、その報告書が「日本の道路は信じ難いほど悪い」という言葉で始まっていることは、本書の最初に述べたところである。

一九五七年に計画の一部である名神高速道路の建設に着手し、一九六三年に尼崎《あまがさき》—栗東《りっとう》間七一・一キロが最初の区間として開通し、翌々年に全区間一八九・三キロが四車線で完成した。続く東名高速道路は一九六九年に全線三四六・七キロが開通し、ようやく高速道路時代の幕開けとなった。一方、一九五五年に超党派の議員立法として「国土開発縦貫自動車道建設法案」が提出され、高速道路建設の気運も高まった。法案は一九五七年に可決成立したが、この高速道路は法的には「高速自動車国道」といい、一般国道・都道府県道・市町村道の上位に置いて建設省が所管することとして、そのために「高速自動車国道法」が成立した。その路線についても各種の論があったが、総理大臣が会長となる「国土開発縦貫自動車道建設審議会」の審議によって決定することとなり、現在に至っている。

路線問題としては、本土を縦貫する最重要幹線を背骨のように日本列島の中央の山岳地帯に一本通して、この幹線道路から海岸地帯に肋骨のように連絡道路を出すという考え方と、反対に全国の海岸地帯に輪のように幹線道路を通して、必要な箇所に横断道路を造るという考え方があって対立したからある。これは、最初の鉄道建設に際して中山道案と東海道案とがあったのと似ているが、鉄道建設の場合は主として国防上の見地から海岸よりは内陸の方がよいとされたのだが、道路の場合は中央道は開発の遅れている山地に通すことによって、普遍的な国土開発を進めるという考え方に立ったのである。

鉄道の場合も中山道案は当時の技術では不可能であるとして、東海道案に落ち着いたのであるが、高速道路の場合も中央道は技術的に困難があり経費もかかりすぎるということで実際的でないという反対論があったのである。結局、一九六六年に国土全体を有機的に一体化した高速道路網を設定する「国土開発幹線自動車道建設法」が制定され、中央道が若干の路線を変更することによって、両案ともに採用されることになった。東京—神戸間は東名・名神両高速道路の東海道ルートが先に着工されたが、中国地方では内陸部を縦貫する中国自動車道が先に開通している。

高速道路と古代駅路との共通性

序章でも述べたように、日本道路公団で高速道路の設計と建設に従事していた武部健一氏は、高速道路と古代駅路との間には共通点が多いことを指摘している。

その第一は、七道駅路の路線総延長が現代の高速道路計画延長とほとんど同じであるということで、前者を歴史地理学の研究成果を基にして計算すると総延長が約六五〇〇キロメートルになり、後者は七六〇〇キロメートルであるが、古代駅路が通っていなかった北海道の一〇六〇キロメートルを除けば、同様に約六五〇〇キロメートルになるという。

第二は路線構成が似ていることで、東海道と名神・東名高速道路、東山道と中央自動車道、北陸道と北陸自動車道、山陰道と中国自動車道、山陽道と山陽自動車道、南海道と近畿自動車道和歌山線および四国縦貫自動車道がそれぞれ対応し、古代の西海道が大宰府を中心に六本の道路が放射していたのに対して、今の高速道路は大宰府の南約一二キロの鳥栖《とす》ジャンクションで縦貫道と横断道が交差しているので、鳥栖中心の放射型と考えると、かなり似通った構成になるという。

第三は路線位置が共通することで、明治期の国道は江戸時代の街道をほぼ引き継いでいるが、これらとはまったく別路を通る古代の駅路と現在の高速道路の路線がほとんど同じ場所を通るというのである。例えば、美濃国から信濃国へ通じる古代東山道は木曾山脈の神坂《みさか》峠を越えて伊那谷《いなだに》に入っていたが、中央自動車道も神坂峠の下を通る恵那山《えなさん》トンネルで伊那谷に出ている。そのほかにも、肥前国

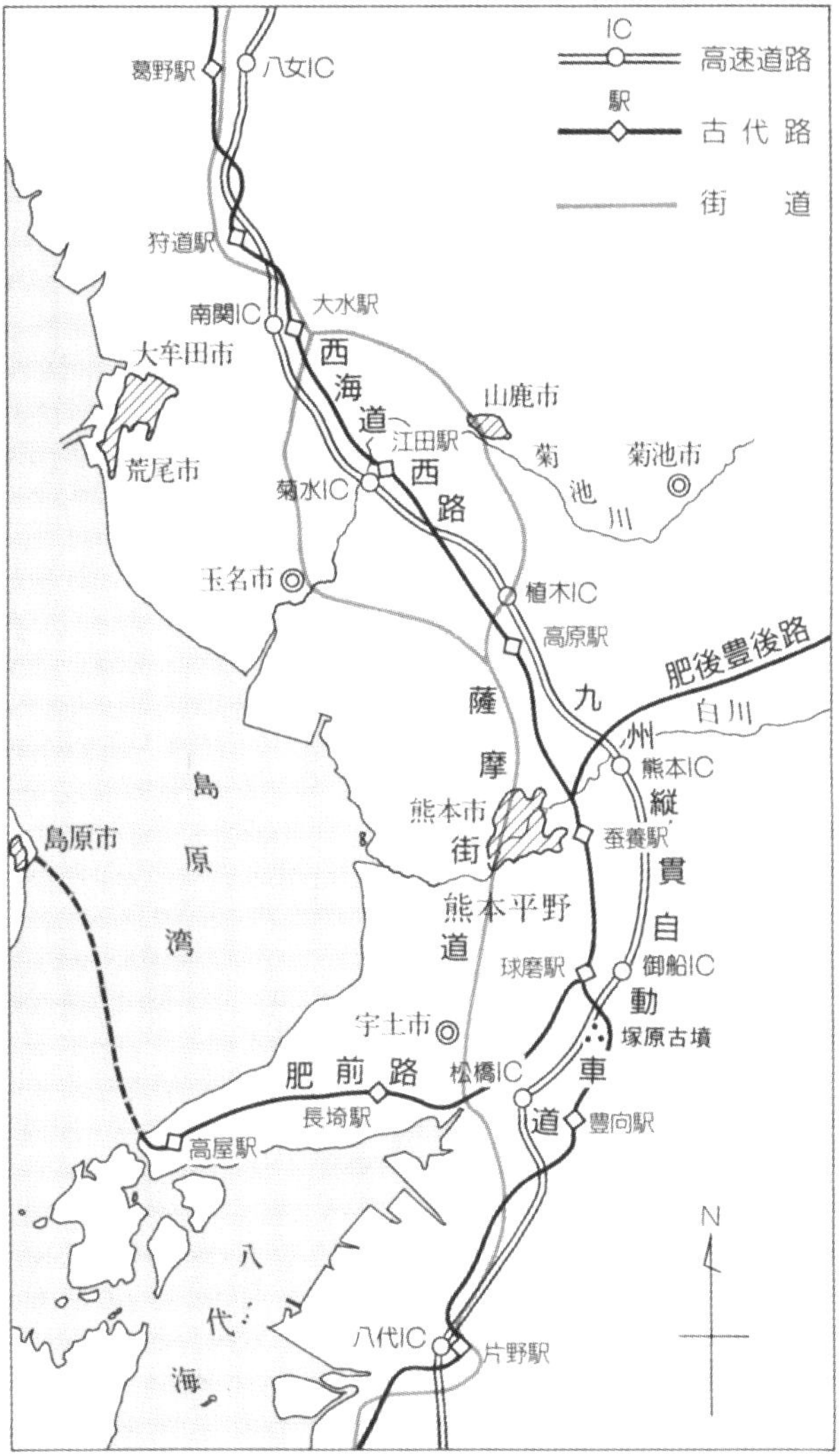

九州縦貫道と古代西海道駅路（武部健一『道のはなしⅠ』技報堂出版1992年の掲載図をもとに作成〈一部付記〉）

の駅路と九州横断道、肥後国の駅路と九州縦貫道とはほぼ同じ路線をとっている。実は、肥前国と肥後国の古代駅路の歴史地理学的研究をしたのは私で、その調査にあたった一九七二年当時、肥後国最初の大水駅の所在地である熊本県南関《なんかん》町で縦貫道が工事中だったことを思い出す。また、一九七七年に常陸国の東海道駅路を調査した時も、各地で常磐自動車道路の予定線の標識を見かけたものである。

さらに、武部氏は古代の駅と高速道路のインターチェンジが、ほぼ同位置にあることが多いことを指摘している。例えば、中央道の土岐《とき》から伊北《いほく》までの間の九インターチェンジの位置を、同区間の東山道の九駅に対比すれば七カ所がほぼ同じ地区にあり、九州縦貫道の久留米《くるめ》—八代《やつしろ》間では九カ所のインターチェンジに対して、古代道では一〇駅あって一駅多いだけで、横断道の鳥栖《とす》—武雄《たけお》間では五インターチェンジと五駅がほぼ対応している。古代肥前国の行政中心地だった国府は佐賀県大和町にあり、西海道駅路肥前路の佐嘉《さが》駅も付近にあったと考えられているが、横断道の佐賀インター予定地の遺跡調査によって、駅路は不明のままだが国府跡の明瞭な遺跡が出現した。

このように、古代駅路と現在の高速道路の路線が共通するのは、ともに既存の集落を通ることなく独自のサーヴィス施設を置いて、目的地へ最短距離をとるように路線を決定するので、おのずから似通ったものになるのである。

古代の烽とマイクロウェーブ

古代と現代の施設とがきわめて類似する例として、交通と関連の深い通信施設にもみることができる。

古代の烽《とぶひ》《ホウ》は、昼は煙を上げ夜は火を焚いて連絡するいわゆる狼煙《のろし》の制度で、律令の規定では四〇里（約二一キロ）間隔を基準に置かれた。『出雲国風土記』や『豊後《ぶんご》国風土記』『肥前国風土記』などにも、その存在が記され、現在も西日本の各地に火ノ山また日の隈《ひくま》山などという地名がその所在地を示している。これらは日本海の海岸近くや、ほぼ駅路伝いの見通しのきく小山や独立丘陵などに多く置かれていた。

東日本でも、宇都宮市竹下町にある中世の飛山《とびやま》城跡で古代の遺構が見つかり、「烽家」の墨書土器が出土した。ここは、鬼怒川左岸の河岸段丘上であるが、平野の広がる関東地方では烽の立地に適当な丘陵に乏しいからであろう。

佐賀平野に認められた古代道路の路線に沿う日の隈山（一四八メートル）は、『肥前国風土記』に記される神埼郡の「烽壱所」の所在地と考えられているが、現在はそこにマイクロウェーブの中継地が置かれている。また、下関市の火の山（二六八メートル）も同様であるが、マイクロウェーブも光と同様に直進するから、古代の烽の所在地はまた、マイクロウェーブの中継地としての立地条件にまさしく適合するのである。

おそらく、古代の烽は中世・近世にも狼煙の場所として継承されたのであろう。古代には全国的規模の通信施設であったのに対し、中世・近世はより地域的なものであったが、その立地条件は変わら

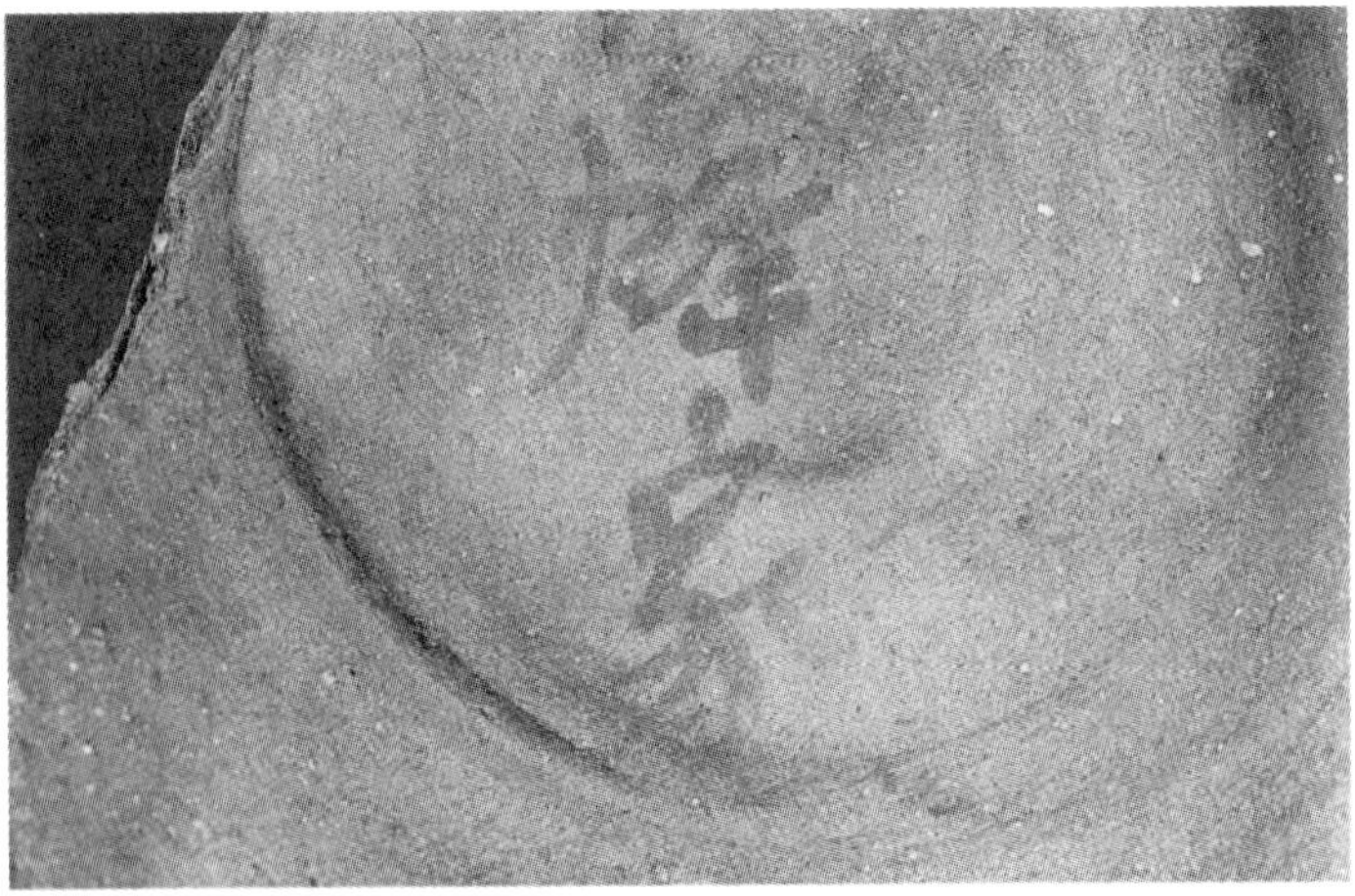

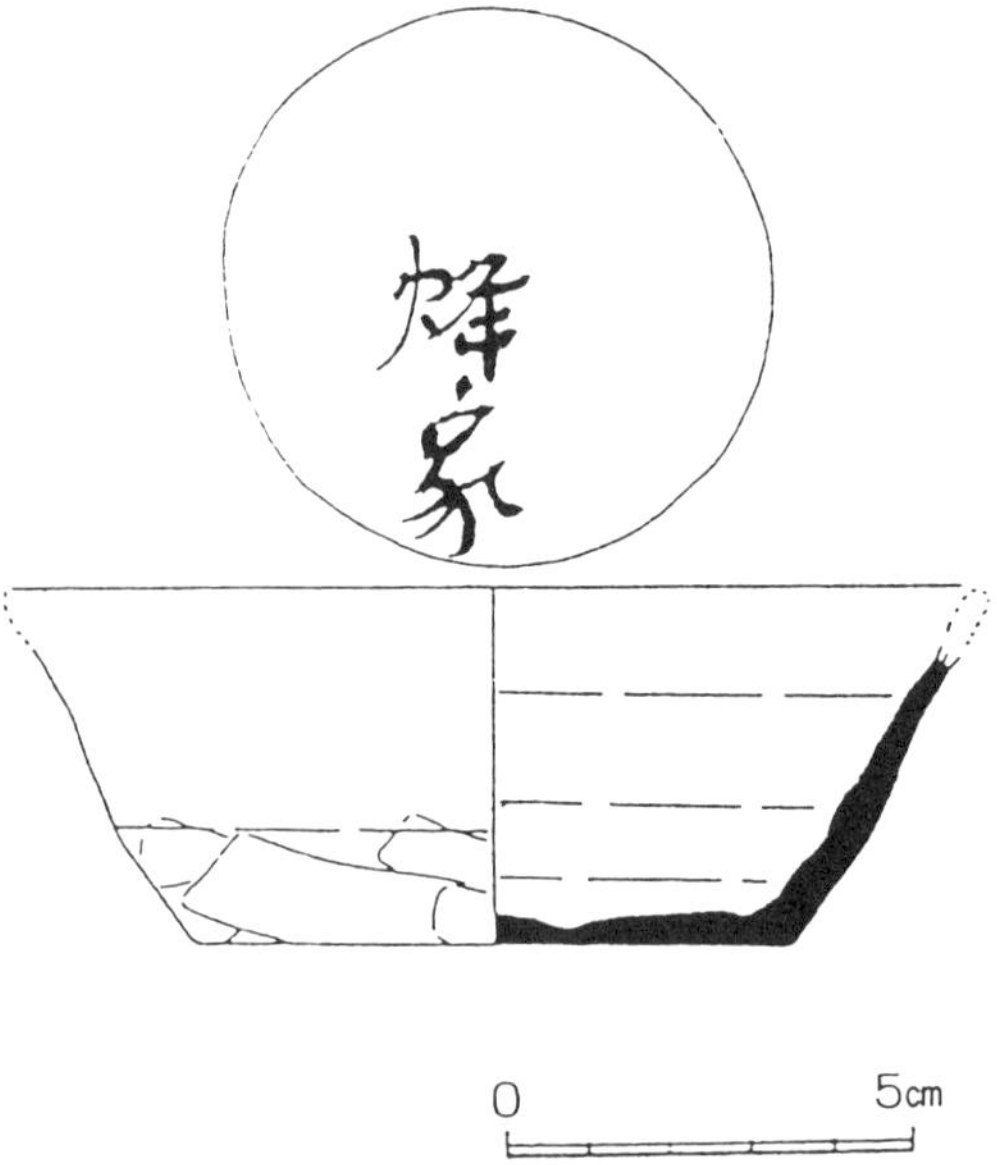

飛山城跡出土の「烽家」墨書土器（上）とその実測図（下）
（『シンポジウム古代国家とのろし』資料より）

ないからである。しかし、近代的通信施設として有線の電信や長波無線が使用されるようになると、これらの通信施設の立地条件は失われたのであるが、極超短波（マイクロウェーブ）が多用されるようになって復活したのである。

まさしく歴史は繰り返すのである。

終章　「道と駅」の未来に向けて

「歴史は繰り返す」といえば、最初に挙げた「道の駅」がそうであるが、もう一つ例を挙げておこう。

古代山陰道は丹波・丹後・但馬《たじま》・因幡《いなば》・伯耆《ほうき》・出雲・石見《いわみ》・隠岐の八カ国からなっており、山陰道主道の駅路は丹後と隠岐以外の諸国をこの順番に通り、他に丹波から丹後を通って但馬に出る丹後路と、出雲で分岐する隠岐路との支路があった。

このほかに『延喜式』には見えないが、山陽道主道から播磨《はりま》で分岐する美作《みまさか》路を経由して、途中の佐用郡家《さようぐうけ》（兵庫県佐用郡佐用町）で分かれ、中国山地を横断して因幡国府に通じる山陽・山陰連絡路があった。この経路の駅馬は各駅に五疋置かれていたと思われるが、平安時代初期の大同三年（八〇八）に乗用が少ないとの理由で二疋を減らしている。その後、『延喜式』までに廃止されたらしいが、駅伝制がまったく衰退した平安時代末期の承徳三年（一〇九九）に因幡国司の平時範《ときのり》が通っている。

令の規定では、国司の赴任は伝馬に乗用して所定の経路を通ることになっていて、他道を通る場合は「枉道《おうどう》」といって特別の許可をえなければならなかったが、山陰道は但馬西部の山間部はもともと交通不便であったから、駅伝制が衰退して自分で馬を調達しなければならなくなると、この経路を避けて交通利便な山陽道をできるだけ通るのが好都合だったのだろう。

現在のJRでも、山陰本線を鳥取以遠まで直通する列車は二本の寝台特急があるだけで、他はほとんどが新幹線で岡山まで行って因美《いんび》線や伯備《はくび》線で山陰へ出る経路をとっている。このほかに山陽本線の上郡《かみごおり》駅から因美線の智頭《ちず》駅に出る私鉄智頭急行の路線を通る特急列車が京都―鳥取・倉吉間に六本運行されている。京都―鳥取間が山陰本線での寝台特急で約四時間かかるのに対して、智頭急行経由では約三時間で着く。この智頭急行の佐用―智頭間が、まさしく古代の山陽・山陰連絡路の路線に相当する。

智頭急行の路線もまた、かつての国鉄時代に建設途中だったものであるが、私はその工事が進められていた六〇年代後半に、鳥取から姫路までのバスに乗ったことがある。当時はバスに車掌が乗務していたが、鉄道の建設工事を見ながら車掌が運転手に、鉄道が開通したらバス路線は廃止されるのではなかろうかと心配そうに言っていたことを思い出す。結局、鉄道工事は中断され、このバス路線はその後開通した中国自動車道に連絡することによって、京阪神と鳥取―松江間を連絡する最短便の黄金路線になった。しばらくは智頭急行とバスとの競合が続くだろうが、いずれにしてもここにも歴史の繰り返しを見るのである。

このように歴史は繰り返すから、我々現代人は歴史を教訓にして現在のあり方を反省し、将来への進路を考える必要がある。

例えば、中央集権的論理に基づいて計画的に造られた古代駅路は、律令国家体制が崩壊すると、その必要性は薄れ、地元の都合を無視して作られた道路は住民の通行には不都合であったから、地元ではこれを維持しようとする気持ちもないまま、せっかくの大道も廃道に帰したのである。現代もまた、社会の変化に順応できないまま、無意味に工事が続けられた鉄道路線が、まったく使用されないまま廃線になっているのは、すでにそれが無用の長物になることがわかっていながら、なお工事が進行されただけに罪が大きい。

干拓工事やダム工事も、食糧が不足していて耕地の拡大が望まれていた時代や、農業・工業用水が不足していた時代には、それが必要であったことは確かであるが、すでに耕作が制限されている現在もなお干拓地を、また重化学工業中心の時代から離れた現在もなおダムを、それぞれ必要とするだろうか。これらも、生産形態の変化に順応できないで、惰性のままに事業が進行しているように思えるのである。

今後このような愚を繰り返さないように、我々は賢明でなければならない。細やかな本書の内容のなかにも、幾つかの教訓が得られるはずである。

あとがき

私の郷里は長崎県の諫早市で、諫早干拓で問題になった所である。諫早は有明海・大村湾・橘湾とそれぞれ性格の異なった三つの海の地峡部にあるので、交通路の分岐点になる要地であった。古代には『延喜式』の船越駅が置かれ、近世は長崎街道の宿場があった。長崎から七里（約二八キロ）の地であるから、第一日目の宿泊地になることが多く、江戸参府のツュンベリーやシーボルトも泊まっている。

子供の頃は町中を流れて有明海に注ぐ本明川で泳いだが、有明海は海水浴には適しないので、長崎街道を四キロほど行った大村湾岸の海水浴場が利用されていて、小学校の高学年になると歩いて通った。まもなく、旧街道に替わって現在の国道三四号線が開通して、コンクリート舗装の道になったが、自動車は時たま通るにすぎなかったから、海水浴にもこの道を歩いて行った。たまに、全く交通の途絶えた旧街道に入ると、砂利が妙に白いのが印象的だったことを覚えている。

また、橘湾岸の飯盛町に親戚があったので、小学生の頃は毎夏数日を此処で過ごして、円礫の多い海岸で遊んだ。普通は三里（一二キロ）の道を歩いたものだが、五、六人乗りの乗合自動車も通っていて、子供は折り畳み式の補助席に座らされた。バスが開通したのは一九三〇年代に入ってからのことだろうか。

私は両親とは別れて母方の祖父母の元で育ったが、夏休みには両親が住んでいる大阪に行った。中学に入ってからは一人旅で、諫早を午後三時頃の一日一本の急行に乗って門司まで行き、連絡船で夜の関門海峡を渡り、下関からは特急富士に乗って翌朝大阪に着いた。関門鉄道トンネルが開通してからは、富士が長崎まで延びて便利になった。この頃から、交通に関心をもち旅を楽しむことを覚えたようであるが、今は郷里に親戚もないので久しく帰っていない。

一九七二年に恩師の藤岡謙二郎京都大学教授を代表に、全国の古代交通路の調査を実施した際に、郷里が船越駅であることから肥前・肥後両国を担当することになったが、その時、佐賀平野で一六キロを一直線に通る道路痕跡を認めたのが、古代道路研究にのめり込むきっかけになった。以来、古代道路の名残を求めて全国を駆け回っているが、古代に限らずあらゆる時代を通じての交通にも関心がある。

現在、交通史研究会の顧問もしているが、これまでの交通史の概説書では近代が希薄で、現代は全く欠けているのが不満であった。何時かは、原始から現代までの交通について、一般の人にも分かりやすい通史を書いてみたいと思っていたところに、大巧社の根岸社長からのお話を頂いたので、喜んでお引き受けした。私も以前は同志社に勤めていて、その頃からの知人である森浩一教授の企画とあればなおさらである。

しかし、『道と駅』という主題から水運は全く取り上げられなかったので、交通史としては半端なものになった。書きかけてみると、古代以外では知識が全く不足していることを痛感し、結局は多くの研究者の業績をそのまま利用させて頂くようなことになってしまった。開業当時の横浜駅については原田勝正氏の研究に詳しく述べられているが、横浜市歴史博物館に居る知人がまさにぴったりの写真を捜し出してくれた。

編集に当たられた湯浅知英子さんと田邉真穂さんには大変お世話になり、また御迷惑をおかけした。田邉さんにはせっかくの休日に、朝日カルチャー横浜で計画していた堀兼道の見学の下見にも来て頂いたが、余分な所も見て廻って三〇キロ程は歩いたので、疲れられたのではなかろうか。私自身は数日は耳がおかしくなっていた。

ささやかな本書も、多くの方々の御協力の賜物であることをつくづく思う。多謝。

一九九八年七月七日

木　下　良

参考文献

豊田武・児玉幸多編『交通史』(「体系日本史叢書」二四) 山川出版社　一九七〇
児玉幸多編『日本交通史』吉川弘文館　一九九二
藤原　武『道の話――ローマの道から道路財源まで』日本道路建設業協会　一九八二
武部健一『道のはなし』Ⅰ・Ⅱ　技報堂出版　一九九二
今谷　明『歴史の道を歩く』(岩波新書) 岩波書店　一九九六
坂本太郎『古代の駅と道』(「坂本太郎著作集」八) 吉川弘文館　一九八九
田名網宏『古代の交通』(日本歴史叢書) 吉川弘文館　一九六九
甘粕健・網野善彦・石井進・黒田日出男・田辺昭三・玉井哲雄・永原慶二・山口啓二・吉田孝編『交通・運輸』(「講座　日本技術の社会史」八) 日本評論社　一九八五
森　浩一『文字と都と駅』(「図説日本の古代」六) 中央公論社　一九九〇
木下良編『古代を考える　古代道路』吉川弘文館　一九九六
大塚初重・白石太一郎・西谷正・町田章編『交易と交通』(「考古学による日本歴史」九) 雄山閣　一九九七
丸茂武重『中世の旅人たち』六興出版　一九八七
新城常三『鎌倉時代の交通』(日本歴史叢書) 吉川弘文館　一九六七
阿部正道「鎌倉街道について――その分布と遺跡」『人文地理学の諸問題』柳原書店　一九六八

芳賀善次郎『旧鎌倉街道探索の旅』上道編・中道編・下道編・山道編　さきたま出版会　一九七八・七八・八二・八八
戸田芳実『歴史と古道』人文書院　一九九二
丸山雍成『日本近世交通史の研究』吉川弘文館　一九九四
児玉幸多『宿場と街道――五街道入門』（東京美術選書）東京美術　一九八六
忠田敏男『参勤交代道中記――加賀藩史料を読む』平凡社　一九九三
小山田了三『橋』（ものと人間の文化史）法政大学出版局　一九九一
深井甚三『近世女性旅と街道交通』桂書房　一九九五
前田　淑「近世における筑前から日光への女旅」『交通史研究』二七号、一九九一
原田勝正「鉄道の発達と駅」『交通史研究』一二号、一九八四

『道と駅』と木下良先生

中村太一

本書の著者である木下良氏は、日本古代の国府や官道に関する研究を牽引してきた歴史地理学者である。私にとっては歴史地理学という学問上のことはもちろん、國學院大學において学部卒業論文から修士論文まで直接、研究をご指導いただいた文字通りの恩師になる（先生の定年退職後に提出した博士学位論文の審査にも加わっていただいた）。そこで、拙文では「木下先生」と呼ばせていただく。

さて、編集部より木下先生の著書『道と駅』の解説執筆について依頼を受けたのであるが、いろいろと悩んだ末、主に先生の履歴や研究内容を中心に紹介することにした。というのは、二〇一五年九月に開催した「木下良先生を偲ぶ会」に際して著作目録や略年譜などを掲載した小冊子を作製したものの、一般には入手しづらい少部数の私的なパンフレットにすぎず、かつ最も若年の弟子である私でさえ間もなく還暦を迎えるという事情があって、先生の履歴をまとめて書き残す公的な機会はさほど残されていないだろうと思われたからである。そのため、今回の機会を積極的に活用させていただくことにした。やや異例かもしれないが、ご理解いただけると幸いである。

本書のタイトルと構成内容

本書のあとがきで先生は「(専門とする) 古代に限らずあらゆる時代を通じての交通にも関心」があり、「これまでの交通史の概説書では近代が希薄で、現代は全く欠けているのが不満」だったので、「原始から現代までの交通について、一般の人にも分かりやすい通史を書いてみたいと思っていた」と執筆の動機を語っている。と同時に、いくぶん謙遜が入った文章であろうが、「書きかけてみると、古代以外では知識が全く不足していることを痛感し、結局は多くの研究者の業績をそのまま利用させて頂くようなことになってしまった」とも述べられている。執筆者たる木下先生でさえ、専門外の時代のことを執筆するのは大変だったと述懐されているわけである。にもかかわらず、学識の幅と深さにおいて到底及ばないことを今なお実感させられている私に一体何が書けようか。まして先生の文章は名人芸の域に達していて、分かりやすく書くこと自体が難しい学術論文でさえ、読みやすい、理解しやすい文章で執筆されてしまう。その先生が「一般の人にも分かりやすい通史を」と意識して書かれた本を私が解説したところで、「屋上屋を架したあげく、倒壊してしまうのがオチではないか!」というのが私の暗い暗い未来予想であり、先生の履歴を中心に拙文を執筆しようと考えた第二の理由でもある。

要するに、うっかりと解説の執筆を引き受けてしまったものの、「ぜひ本文を読んでください」としか説明のしようがない。とはいうものの、それで済ますわけにもいかないだろう。そこで、一見すると、あるいはよくよく考えると不思議な組み合わせに感ずるかもしれない『道と駅』というタイトルと内容との一貫性に関してだけ、ごく簡単に解説することにしたい。本の「あとがき」や「解説」を先に読む癖がある読者（実は私もそうである）を本文へ誘導したいからである。

その本書は、序章：「道と駅」の歴史に学ぶ、第1章：奈良時代の交通制度と道路、第2章：平安時代の制度と道路の変化、第3章：宿と鎌倉街道、第4章：江戸時代の街道、第5章：諸街道の宿場、第6章：明治の国道と駅、第7章：鉄道と駅、第8章：道路の復権、終章：「道と駅」の未来に向けて、という全一〇章からなる。この構成内容を見て、腑に落ちないと感ずる方がいらっしゃるかもしれない。とくに鉄道ファンの方は、「駅」をタイトルに掲げているにもかかわらず、鉄道を主テーマにしているのが第7章だけという点に不満を感じられるのではなかろうか。しかし、「道と駅」に関する日本の通史としてはこれでよいのである。

現在、全国の主要道路に沿って「道の駅」という施設が置かれている。一九九三年（平成五）に正式登録が開始されたもので、本書が発行された九八年には必ずしもまだ一般的ではなかったため、本書の序章でやや詳しく説明されている。それではなぜ「道の駅」と称したのか？　そのこころは、限定条件抜きで「駅」といえば鉄道の駅を指すことが、現代日本人にとって常識になってしまっているからである。当たり前すぎてまったく解説になっていないが、実をいうと、漢字本来の意味からすると「道の駅」という表現はおかしい。

駅制は漢代の中国に始まり、日本にも輸入されて、最終的に律令制のなかに位置づけられた交通・通信制度である。駅という漢字は、『日本書紀』や『万葉集』などの当時の訓（＝日本語読み）では「はゆま」と読まれており、これは「早馬」のことになる。一方、施設としての駅（駅家《うまや》）は、都から全国各地の国府に至る主要官道＝駅路の沿道に原則三〇里（約一六キロメートル）ごとに設けられ、駅馬《はゆま》が置かれて官人等の公用旅行に利用された。要するに「駅」とは本来、道路の沿道に設けられた交通施設だったのである。これを承けて江戸時代に宿場を駅と称したり、「王政復古」を唱えて律令用語を多用した明治政府も、一時期、宿場をわざわざ駅と呼んだりしていた。

ところが、鉄道の発達と盛行とともに、railroad station（米）や railway station（英）の訳語として用いられた「（鉄道の）駅」の方が身近な施設・用語となり、やがて「駅といえば鉄道駅」というのが当たり前になっていく。一方、戦後、モータリゼーションの進展によって道路が遠距離交通路の一つとして再び脚光を浴びるようになり、建設省（現国土交通省）が「道にも駅を！」と言い出した結果、「道の駅」が全国に作られていって現在に至ったわけである。以上の経緯からすると「道の駅」という言葉は、実は「頭痛が痛い」などと同じ二重表現であって、厳密には〝変な日本語〟であると指摘せざるをえない。とはいえ、それを今さら声を大にして主張してみたところで野暮なことも重々承知している。そこで、せめてものこと恩師が著した本書『道と駅』を多くの方に読んでいただきたい。それが、未熟な解説者たる私の切なる願いなのである。

大学卒業まで

さて、本書の著者である木下良先生は一九二二年（大正一一）二月二三日、木下秀樹・ハルの長男として長崎県北高来郡諫早町に生まれた。二八年（昭和三）、諫早第一尋常小学校に入学、その翌年に両親（山口姓）の戸籍を離れ、以後、祖父母の木下宜照・スワに育てられている。筆者が先生から聞いた話によると、長男を木下家の家督相続者として祖父母の養子とすることが、ご両親の結婚等を許す際の条件だったらしい。ちなみに本書の「あとがき」には、この頃の思い出が交通の問題を絡めつつ語られている。

三四年、長崎県立諫早中学校に入学、三九年に同中学校を卒業し、翌四〇年に佐賀高等学校理科甲類に入学したが、四三年二月、いったん中途退学している。祖父母の意向で理系に進んだが、「どうにも肌に合わず、留年した結果」とのことであった。

翌四四年三月、陸軍現役兵として西部軍第五一部隊（久留米市）に入隊。四月に第一二師団野砲兵第六連隊（満州牡丹江省東寧県大城子）の所属となったが、九月には西部軍教育隊（熊本県黒石原）に入隊している。ご本人の弁によると、戦争末期における事務・連絡上の混乱によって、たらい回しの目に遭ったらしい。

翌四五年四月、見習士官として中部軍の第二〇五師団（広島）野砲兵第二〇五連隊に配属されて山口県熊毛郡田布施町に駐屯、六月には高知県香美郡土佐山田町に移駐した。この第二〇五師団は、本土決戦に備えて急造が決定された五四個師団の一つで、四五年四月二日に編成されて当初は広島付近に、ついで六月一九日に高知付近に配備されて終戦を迎えている（『宿毛市史』近代、現代編など）。こうしたなかで先生は八月に陸軍少尉に任官しているが、これはいわゆる「ポツダム少尉」だったと思われる（たしか、ご本人もそう仰っていた）。ちなみに、砲兵士官となったのは中途退学したとはいえ旧制高校の理科に在籍した経歴を持つためで、射撃角度などを計算・指示する役割を任されて隊内でも比較的大事に扱われたので、あまり辛い目には遭わずにすんだそうである。ただし、同級生の多くが長崎医科大学に進学し、学徒動員の対象外だったにもかかわらず原爆で亡くなった一方、浪人したり落第したりして召集された自分が生き残ったことに対し、（師団編成時に被爆四ヶ月前の広島へ出頭したという経緯も含めて）非常に複雑な思いがあったようである。ご自身の経験について深刻な話をされることは滅多になかったが、「紙一重の差だった」という述懐を一度だけ伺ったことがある。

翌四六年、佐賀高等学校に再入学して文科に転科し、四八年に卒業。四月から占領軍第二地区検閲局（C.C.D.Dist.2）司令部にclark（書記）として勤務したが、翌年一二月に退職。五〇年、二八歳で京都大学文学部史学科（地理学専攻）に入学して、五三年卒業。同年四月に京都大学大学院文学研究科に入学（五七年退学）すると同時に、同志社女子中・高等学校教諭となって、七三年に退職するまでの二〇年間勤務した。またこの間、学部生時代の五二年に三〇歳で結婚している。ちなみに、卒論ではアメリカ合衆国の事例を研究したことを先生ご本人から、また西部劇が好きだったことを奥様から伺ったことがあり、七二年に発表された「アメリカ合衆国の開発時代における都市発達と交通手段との関係について」(『史朋』八)は、その学部卒業論文をベースに執筆されたものであろうと推察される。時代やフィールドこそ違え、当初から歴史的な都市や交通に関心を寄せていた様子を窺うことができよう。

国府の研究

木下先生は、学部卒業直後から文献紹介や書評、年間展望、解説等を学術雑誌や共著書に執筆されていたが、研究人生第一のテーマ＝国府に関する論文が初めて発表されたのは六四年のことである(「丹波国府址新考」『史朋』四)。後に第二のテーマとなった古代道路の研究も含めて、先生の研究姿勢に関する最大の特徴は、そのテーマに関わる全事例をしらみつぶしに調査する点であろう。それぞれの事例に関する史料はもちろんのこと、地形図(国土地理院発行の中縮尺地形図だけでなく、大縮尺の国土基本図等も)や地籍図、そして空中写真等を可能な限り集めて徹底的に検討し、そのうえで必ず現地に赴いてフィールドワークを行う。そのフィールドワークに関して先生は、すべての国府比定地に足を運んだのは自分が最初だろうと仰っていた。しかも自動車の運転免許を持っておらず、学生・院生時代の私たちがドライバーを務め始めるまで、公共交通機関と徒歩だけで全国各地を巡っていたのだから驚異的である。余談であるが、先生はムツゴロウこと畑正憲さんに風貌が似ており、フィールドワーク中に通りがかった子供たちが「ムツゴロウだ！」と叫び始めて、どんな顔をすればよいか私たちが困ってしまうという経験を何度かした。ご本人はというと、いつもニコニコ、丁重にスルーされていた。閑話休題。また、日本古代を対象とした歴史地理学的研究において空中写真を全面的に活用するようになったのも、先生による国府研究を嚆矢とするといって過言ではなかろう。

結果、著作のタイトルに令制国の名称が記された事例研究だけで山城・参河・甲斐・相模・近江・美濃・飛驒・丹波・播磨・豊前・肥後・日向各国にわたる。そして、これらをベースに国府の形状や国庁・十字街といった構成要素の問題、条里・寺院・神社（総社や印鑰《いんやく》社）・駅家・三関・城柵・山城といった関連施設との関係、中世まで視野に入れた国府所在地の変遷といった諸問題を論じられて、最終的に約四〇編にわたる研究成果が公表されている。これらの論点のうち、都市的な範囲が「方八町」や「方六町」におよぶとされた国府の平面形状に関しては、その後の発掘調査や考古学による研究の進展によって否定的な見方が主流となっているが、それ以外の見解は今なお通説の位置を占めているものが多い。こうした国府研究のエッセンスは『国府―その変遷を主にして―』（教育社歴史新書、一九八八年）にまとめられているので、興味がある方はぜひご一読いただきたい。

古代道路の研究

その後、木下先生は神奈川大学の教員公募に応じて、七三年四月、五一歳にして人文学部助教授に就任、七七年には外国語学部教授に昇任している。ちょうど同じ頃（七三年度）、藤岡謙二郎京都大学教授を代表とした科学研究費補助金による調査「日本の交通路・駅・港津に関する歴史地理学的研究」が行われ、木下先生は出身地との関係で肥前・肥後両国を担当することになった。その際、国府研究でつちかった各種の研究法――例えば空中写真の観察やフィールドワークによって痕跡を探査する方法を応用してみた結果、先生が発見したのが佐賀平野を一六キロメートルにわたって一直線に通る古代駅路（西海道肥前路）の遺構である。これは、同じ共同研究で見出された上野・下野・備前・備中・備後各国の駅路跡などとともに、近畿地方（畿内）以外で初めて見つかった直線的な古代道路の遺構・痕跡であり、これらの発見は古代交通研究に関する一大画期となった。と同時に、木下先生の古代道路研究がここに始まり、国府研究から徐々にシフトしていって生涯第二の研究テーマになっていく。その「道と駅」に関する最初の論文は、七六年に発表された「空中写真に認められる想定駅路」（『びぞん』第六四号）と「「立石」考―古駅跡の想定に関して―」（『諫早史談』第八号）である。

また、このとき行われた共同研究の成果は、藤岡謙二郎編『古代日本の交通路』Ⅰ～Ⅳ（大明堂、七八～七九年）としてまとめられ、現在でも駅路研究の基礎文献となっている。ただ惜しむらくは、この研究に参加した研究者達の間で古代道路に対する認識に違いがあったため、直線道路痕跡を見つけて線的なルート復元を試みた地域と、従来通りの研究方法――駅家推定地の点的な比定に終始した地域が一書の中に混在することになった。初期の研究であり仕方がない問題であるが、『古代日本の交通路』を利用する際には注意を要する。

ついで七八年、先生は富山大学人文学部教授に、八三年には國學院大學文学部教授に移った。その前年の八二年、木下先生の一番弟子となる故・木本雅康氏（元長崎外国語大学教授）が、八四年に内田保之氏（滋賀県文化財保護協会）と私が國學院大學文学部史学科に入学して、それぞれ先生の指導下で古代道路や国府をテーマとした卒業論文を書いて卒業した。加えて内田君や私にとっては学部時代四年間のクラス担任であり、大学で最初に出会った先生でもあった。

九二年三月、前月に古希を迎えられた木下先生は國學院大學を定年退職。同年六月、その少し前から設立準備の機運が盛り上がっていた古代交通研究会の初代会長に就任し、二〇一〇年六月までの一八年間、大会開催数にして一五回分にわたって研究会の運営、大会や共同研究の企画・実施に尽力された（会長退任後は名誉会長）。その古代交通研究会も一一年六月に開催した第一六回大会を最後に出席されなくなり、二〇一五年一月二六日、九二歳で逝去された。

この間、ちょうど私が大学院に在籍していた九〇年代前半は、先生や木本さん、内田君たちとともに夏休みや春休みのたびに一週間くらいかけて駅路調査のフィールドワークに出かけていた。私がレンタカーのドライバーを務めたことを憶えているものだけで山陰道＋山陽道（中国地方一周）、西海道（九州一周）、陸奥国（宮城県＋岩手県）、大和・伊賀・伊勢国（奈良県＋三重県）などの調査に出かけている。そのほかにも道路遺構などの交通関係遺跡が出土したり、各地で学会やシンポジウムが開催されたりするたびに、先生について行って現地を見て回った。なお、ドライバーとはいってもまだ未熟だったので、私だけで二〜三回、物損事故を起こしている。また、ほぼ廃道になっている道路や田んぼの畦道みたいなところに大きなワンボックス・カーで入っていくので、事故までいかなくても細かい傷をいっぱいつけて返却することが多かった。その様子は他の研究室の院生から、半分あきれ気味、半分怖れ混じりで「木下探検隊」と呼ばれていた。

私たちが卒業・修了して、木本さんが長崎、内田君が滋賀、私が北海道にそれぞれ就職すると、皆でフィールドワークに出かけることは激減したが、以後も日本道路公団出身の土木史研究者である故・武部健一氏とともに全国の駅路調査を続けている。ちなみに、日本の駅路想定ルートをほぼすべて踏査しているのは、やはり今のところ木下先生が唯一の人物であろう。『完全踏査 古代の道』『完全踏査 続古代の道』（吉川弘文館）を著した武部氏も平安期の『延喜式』ルートを中心とした踏査にとどまっているので、奈良時代以前のルートを含めると回り切れていない可能性が高い。このほかにも、奥様とともにライン川やドナウ川を旅客船で航行するツアーに参加したり（二〇〇〇年）、秦始皇帝が造らせた軍用道路・直道（陝西省・甘粛省・内モンゴル自治区）の現地踏査に加わったりする（〇九年）など、海外にもよく出かけられていた。観光目的のはずなのに河川クルーズを選択するあたりが、いかにも木下先生らしい。

そうした調査研究の積み重ねの成果が、伊賀・相模・武蔵・上総・下総・常陸・信濃・上野・下野・陸奥・越前・越中・但馬・伯耆・播磨・安芸・伊予・筑前・肥前・肥後・大隅などの地域に関する古代道路の事例研究、および地図・空中写真・地名などの研究資料とその分析手法、駅路と伝路の区分、駅家・関・津などの施設、国府・郡家・古代山城・条里といった各種地域計画との関係、軍事と古代道路の関係、中国古代道路・ローマ道・鎌倉街道・現代の高速道路網といった他地域・時代との比較などをテーマとした総論によって構成される約九〇編におよぶ編著として公表されている。このほかにも富山県や千葉県の『歴史の道調査報告書』の執筆や、中・近世の街道や地図資料の分析などもされており、書評やコラムなどを含めると、先生はその生涯で一八〇編以上の編著を残された。

おすすめの関連著書

以上のように、先生の著作物の約半数は古代道路の研究に関するものであり、本書もその一冊ということになる。その研究の粋は、亡くなる二年前にあたる二〇一三年に出版された『日本古代道路の復原的研究』（吉川弘文館）にまとめられている。学術論文集なのでややとっつきにくいかもしれないが、これから研究を始めようという学生・院生にはぜひチャレンジしてもらいたい。また『事典　日本古代の道と駅』（吉川弘文館、二〇〇九年）は、全国の駅家と駅路の比定地を図面付きで網羅的に解説したもので、古代交通研究の基礎資料としてはもちろん、例えば居住地付近のルートを知りたいといった要望にも応えてくれる。

そして、木下先生が共同編者として参画した『地図でみる西日本の古代―律令制下の陸海交通・条里・史跡―』（平凡社、二〇〇九年）と『地図でみる東日本の古代―律令制下の陸海交通・条里・史跡

―』（同、二〇一二年）には、こうした研究成果が明治期測量の五万分の一地形図上に具体的な〝線〟として表現されている。この解説を書いている二〇二三年八月の時点では品切れ中とのことなので、興味がある方は近所の大規模図書館で閲覧してみてほしい。地図主体の本なので、古代の道路や史跡だけでなく、明治期と現在の地理的な違い（海岸線や町の広がり、道路・鉄道網など）も一目で分かって楽しい。その面白さを感じることができたなら、もはや歴史地理学の扉を開けたようなものである。

（北海道教育大学釧路校教授）

本書の原本は、一九九八年に大巧社より刊行されました。

索　　引

ア行

カ行

サ行

タ行

ナ行

ハ行

マ行

ヤ行

ラ・ワ行

著者略歴
一九二二年　長崎県に生まれる
一九五三年　京都大学文学部史学科（地理学専攻）卒業
神奈川大学教授、富山大学教授、國學院大學教授、古代交通研究会会長などを歴任
二〇一五年　没

〔主要編著書〕
『国府』（教育社、一九八八年）、『古代を考える　古代道路』（編著、吉川弘文館、一九九六年）、『事典　日本古代の道と駅』（吉川弘文館、二〇〇九年）、『日本古代道路の復原的研究』（吉川弘文館、二〇一三年）

読みなおす日本史

道と駅

二〇二三年（令和五）十月二十日　第一刷発行

著　者　木《きの》下《した》　良《りょう》
発行者　吉川道郎
発行所　株式会社　吉川弘文館
郵便番号一一三—〇〇三三
東京都文京区本郷七丁目二番八号
電話〇三—三八一三—九一五一〈代表〉
振替口座〇〇一〇〇—五—二四四
http://www.yoshikawa-k.co.jp/
組版＝株式会社キャップス
印刷＝藤原印刷株式会社
製本＝ナショナル製本協同組合
装幀＝渡邉雄哉

ISBN978-4-642-07530-5

読みなおす日本史

刊行のことば

現代社会では、膨大な数の新刊図書が日々書店に並んでいます。昨今の電子書籍を含めますと、一人の読者が書名すら目にすることができないほどとなっています。ましてや、数年以前に刊行された本は書店の店頭に並ぶことも少なく、良書でありながらめぐり会うことのできない例は、日常的なことになっています。

人文書、とりわけ小社が専門とする歴史書におきましても、広く学界共通の財産として参照されるべきものとなっているにもかかわらず、その多くが現在では市場に出回らず入手、講読に時間と手間がかかるようになってしまっています。歴史の面白さを伝える図書を、読者の手元に届けることができないことは、歴史書出版の一翼を担う小社としても遺憾とするところです。

そこで、良書の発掘を通して、読者と図書をめぐる豊かな関係に寄与すべく、シリーズ「読みなおす日本史」を刊行いたします。本シリーズは、既刊の日本史関係書のなかから、研究の進展に今も寄与し続けているとともに、現在も広く読者に訴える力を有している良書を精選し順次定期的に刊行するものです。これらの知の文化遺産が、ゆるぎない視点からことの本質を説き続ける、確かな水先案内として迎えられることを切に願ってやみません。

二〇一二年四月

吉川弘文館

読みなおす日本史

- 時計の社会史　角山榮著　二二〇〇円
- 漢方　中国医学の精華　石原明著　二二〇〇円
- 墓と葬送の社会史　森謙二著　二四〇〇円
- 悪党　小泉宜右著　二二〇〇円
- 戦国武将と茶の湯　米原正義著　二二〇〇円
- 大佛勧進ものがたり　平岡定海著　二二〇〇円
- 大地震　古記録に学ぶ　宇佐美龍夫著　二二〇〇円
- 姓氏・家紋・花押　荻野三七彦著　二四〇〇円
- 安芸毛利一族　河合正治著　二四〇〇円
- 三くだり半と縁切寺　江戸の離婚を読みなおす　高木侃著　二四〇〇円
- 太平記の世界　列島の内乱史　佐藤和彦著　二二〇〇円

- 白隠　禅とその芸術　古田紹欽著　二二〇〇円
- 蒲生氏郷　今村義孝著　二二〇〇円
- 近世大坂の町と人　脇田修著　二五〇〇円
- キリシタン大名　岡田章雄著　二二〇〇円
- ハンコの文化史　古代ギリシャから現代日本まで　新関欽哉著　二二〇〇円
- 内乱のなかの貴族　南北朝と「園太暦」の世界　林屋辰三郎著　二二〇〇円
- 出雲尼子一族　米原正義著　二二〇〇円
- 富士山宝永大爆発　永原慶二著　二二〇〇円
- 比叡山と高野山　景山春樹著　二二〇〇円
- 日蓮　殉教の如来使　田村芳朗著　二二〇〇円
- 伊達騒動と原田甲斐　小林清治著　二二〇〇円

読みなおす日本史

日本の奇僧・快僧　今井雅晴著　二二〇〇円
平家物語の女たち 大力・尼・白拍子　細川涼一著　二二〇〇円
戦争と放送　竹山昭子著　二四〇〇円
「通商国家」日本の情報戦略 領事報告を読む　角山　榮著　二二〇〇円
日本の参謀本部　大江志乃夫著　二二〇〇円
宝塚戦略 小林一三の生活文化論　津金澤聰廣著　二二〇〇円
観音・地蔵・不動　速水　侑著　二二〇〇円
飢餓と戦争の戦国を行く　藤木久志著　二二〇〇円
陸奥伊達一族　高橋富雄著　二二〇〇円
日本人の名前の歴史　奥富敬之著　二四〇〇円
お家相続 大名家の苦闘　大森映子著　二二〇〇円

はんこと日本人　門田誠一著　二二〇〇円
城と城下 近江戦国誌　小島道裕著　二四〇〇円
江戸城御庭番 徳川将軍の耳と目　深井雅海著　二二〇〇円
戦国時代の終焉 「北条の夢」と秀吉の天下統一　齋藤慎一著　二二〇〇円
中世の東海道をゆく 京から鎌倉へ、旅路の風景　榎原雅治著　二二〇〇円
日本人のひるめし　酒井伸雄著　二二〇〇円
隼人の古代史　中村明蔵著　二二〇〇円
飢えと食の日本史　菊池勇夫著　二二〇〇円
蝦夷の古代史　工藤雅樹著　二二〇〇円
天皇の政治史 睦仁・嘉仁・裕仁の時代　安田　浩著　二五〇〇円
日本における書籍蒐蔵の歴史　川瀬一馬著　二四〇〇円

吉川弘文館
（価格は税別）

読みなおす日本史

境界争いと戦国諜報戦　盛本昌広著　二二〇〇円

邪馬台国をとらえなおす　大塚初重著　二二〇〇円

百人一首の歴史学　関　幸彦著　二二〇〇円

江戸城　将軍家の生活　村井益男著　二二〇〇円

沖縄からアジアが見える　比嘉政夫著　二二〇〇円

海の武士団　水軍と海賊のあいだ　黒嶋　敏著　二二〇〇円

呪いの都　平安京　呪詛・呪術・陰陽師　繁田信一著　二二〇〇円

平家物語を読む　古典文学の世界　永積安明著　二二〇〇円

坂本龍馬とその時代　佐々木　克著　二二〇〇円

不動明王　渡辺照宏著　二二〇〇円

女人政治の中世　北条政子と日野富子　田端泰子著　二二〇〇円

大村純忠　外山幹夫著　二二〇〇円

佐久間象山　源　了圓著　二二〇〇円

源頼朝と鎌倉幕府　上杉和彦著　二二〇〇円

近畿の古墳と古代史　白石太一郎著　二四〇〇円

東国の古墳と古代史　白石太一郎著　二四〇〇円

昭和の代議士　楠　精一郎著　二二〇〇円

春日局　知られざる実像　小和田哲男著　二二〇〇円

伊勢神宮　東アジアのアマテラス　千田　稔著　二二〇〇円

中世の裁判を読み解く　網野善彦・笠松宏至著　二五〇〇円

アイヌ民族と日本人　東アジアのなかの蝦夷地　菊池勇夫著　二四〇〇円

空海と密教　「情報」と「癒し」の扉をひらく　頼富本宏著　二二〇〇円

吉川弘文館
（価格は税別）

読みなおす日本史

石の考古学　奥田　尚著　二二〇〇円
江戸武士の日常生活　素顔・行動・精神　柴田　純著　二四〇〇円
秀吉の接待　毛利輝元上洛日記を読み解く　二木謙一著　二四〇〇円
中世動乱期に生きる　一揆・商人・侍・大名　永原慶二著　二二〇〇円
弥勒信仰　もう一つの浄土信仰　速水　侑著　二二〇〇円
親　鸞　煩悩具足のほとけ　笠原一男著　二二〇〇円
道と駅　木下　良著　二二〇〇円
道　元　坐禅ひとすじの沙門　今枝愛真著　（続　刊）
江戸庶民の四季　西山松之助著　（続　刊）
「国風文化」の時代　木村茂光著　（続　刊）
徳川幕閣　武功派と官僚派の抗争　藤野　保著　（続　刊）

吉川弘文館
（価格は税別）